天生我材必有用

李白诗传

锦熙

——

著

远方出版社

图书在版编目（CIP）数据

天生我材必有用：李白诗传／锦熙著.—呼和浩
特：远方出版社，2021.2
ISBN 978-7-5555-1369-8

Ⅰ.①天… Ⅱ.①锦… Ⅲ.①李白（701-762）-传
记 Ⅳ.①K825.6

中国版本图书馆 CIP 数据核字（2020）第 168131 号

天生我材必有用：李白诗传
TIANSHENG WO CAI BI YOUYONG LIBAI SHIZHUAN

著　　者	锦　熙	
责任编辑	孟繁龙	
责任校对	秋　生	
封面设计	VIOLET	
版式设计	王志利	
出版发行	远方出版社	
社　　址	呼和浩特市乌兰察布东路 666 号　邮编：010010	
电　　话	（0471）2236473 总编室　2236460 发行部	
经　　销	新华书店	
印　　刷	天津中印联印务有限公司	
开　　本	145mm×210mm　1/32	
字　　数	286 千	
印　　张	8.25	
版　　次	2021 年 2 月第 1 版	
印　　次	2021 年 2 月第 1 次印刷	
标准书号	ISBN 978-7-5555-1369-8	
定　　价	42.00 元	

序　言

天生我材必有用

李白和杜甫是唐代诗歌的两座高峰，一个被誉为"诗仙"，一个被誉为"诗圣"。李白之所以被后世誉为"诗仙"，是因为诗酒是他的思想和灵魂，余光中说他"酒入豪肠，七分酿成了月光，余下的三分啸成剑气，绣口一吐就半个盛唐"。

纵观李白一生，大致可分为五个阶段：

一、"五岁诵六甲，十岁观百家"的读书学习阶段。李白是个自由快乐的富家子弟，少小时兴趣广泛，尤爱仙道，又慕侠士。在步入社会之初，他就为自己设计了与世人迥异的人生道路——不屈己，不干人，不赴举，做个"安社稷，济苍生"的侠士，待功成名就后再隐世修仙。他践行理想的途径也异于常人，希望通过拜谒权贵，遇到慧眼识才的"伯乐"。他对自己的文才武艺信心满满。早期的诗歌，一山一水、一花一木皆可入画，清风明月见证了少年李白的浪漫情怀。然而，现实生活给了他迎头一棒。他拜谒同宗李邕，结果遭到冷遇。从李白的《上李邕》一诗中，可以看出他被人小瞧后受挫，从而发出"丈夫未可轻年少"的壮语。他一直坚信自己是翱翔天际的大鹏，可展翅万里。于是，他决定出川去看看外面的世界。

二、"仗剑去国，辞亲远游"的谋求功业而不得阶段。远游不只是为了长见识，更是希望能遇到真仙，或得到达官贵人的青睐。他"出则以平交王侯，遁则以俯视巢许"，然而现实却是"十谒朱门九不开"。他在金陵、广陵散尽数千金，仍一无所获，反倒是道家司马承祯对他投以青眼。李白一直在修道成仙与入仕报国之间徘徊。他认定"天生我材必有用"，南下无果后，又北上洛阳、长安，但同样是失败的结局。受挫后的李白，想"且对一壶酒，澹然万事闲"，继续东奔西走，四处仙游。这一时期，他的诗作，无论是写景叙事抒情还是吊古语今言志，都流露出一股淡淡的哀愁、伤感及对前途的担忧。不得志之时，只有一首《将进酒》淋漓尽致地展现了他的不屑、桀骜、旷达与豪迈之气。

三、"大道匡君，示物周博"的官场实习阶段。经十年蹉跎岁月，李白的人生终于迎来了拐点，时运逆转，获得了入长安为官的机会，一句"我辈岂是蓬蒿人"将其得意之色展露无遗。进入官场后的李白，毫不掩饰自己蔑视权贵、不屑于富贵的狂傲，声言自己的一切努力都是为了"辅弼天子"、施展宏图大举。然而，入得朝堂便有许多身不由己，他也创作了一些粉饰太平、愉悦君意、消遣娱乐的诗作，如《侍从游宿温泉官作》《霓裳羽衣曲》《清平调词三首》《宫中行乐词十首》《春日行》《阳春歌》等。后来他恍然醒悟，自己之所以能身披荣宠，实际上是因为满足了皇帝享乐的需要。他在诗中开始微妙道出自己荣宠的实质，将其中的滑稽可悲与不能言说的愁苦孤独寄于字词间。直到政治理想的希望破灭，他才最终发出《行路难》的哀叹。

四、"兴酣落笔摇五岳，诗成笑傲凌沧洲"的赐金还乡阶段。繁华散尽，回归现实，李白想通了"使我有身后名，不如即时一杯酒"之理，保持了自己的独立人格和狂放天性。与杜甫、高适等人的相会，再次将他的诗歌创作推向高峰。这一阶段，李白徜徉在山水间，笔下的山川河流变得更加壮丽神奇，让人强烈感受到大自然的鬼斧神工和雄劲伟力。人类在大自然面前显得那么渺小与无助，李白即便是狂歌酣饮，击剑傲啸，登高望远，怀古慨今，一切的一切依然无法摆脱大自然的神力支配。有感于此，他东奔西走，苦觅仙踪，遍访高人。其中，《梦游天姥吟留别》《天台晓望》《寻高凤石门山中元丹丘》等诗作奔放而又空灵飘逸，《鲁郡尧祠送窦明府薄华还西京》《玩月金陵城西孙楚酒楼》《答王十二寒夜独酌有怀》《独坐敬亭山》等则多了几分愁绪与孤寂。

五、"终与安社稷，功成去五湖"的最后一搏阶段。李白处江湖之远，但仍心系天下苍生。战事一起，他的仗剑报国之心再次被唤醒。尽管未能亲身前往战场拼杀，但他用笔触留下了许多描写战事的诗篇。《出自蓟北门行》《幽州胡马客歌》《远别离》《北风行》等，皆有震撼人心的力量。李白希望战事早日结束，寻个幽静处安身。没想到他重返敬亭山不久，国内便爆发了"安史之乱"，没有搞清状况的他因投入李璘幕府而被流放夜郎，虽然中途获赦，但他"终与安社稷"的壮心已死，只想置身于山水间，任自漂流。

千百年来，李白的许多诗作被人们广为传诵，他的名字可谓家喻户晓、妇孺皆知。品评其诗歌的文章、书籍、资料数不胜数，但人们未必真正了解李白的传奇人生。本书以李白的一生为纵轴，紧密结合他曲折的人生经历，展示了那一时、那一刻，他是在怎样的心境下创作出怎样的奇文妙作。从中我们不难看出，李白不只是"落笔摇五岳""笑傲凌沧洲"的"诗仙"，也不只是"人生得意须尽欢，莫使金樽空对月"的浪漫诗人，更是一个有血有肉、胸怀"直挂云帆济沧海"的远大抱负的奋斗者。

目 录

第一章

天谪诗仙

"诗仙"李白的一生充满传奇色彩，关于他的出生、成长、游历、创作等处处流露出神秘色彩。从"长庚入梦"到艰难入蜀，从"妙笔生花"到诗动石牛，从"铁杵磨针"到戏弄胡绅，李白的身上既有西域旷达豪侠之气，又有蜀地奇绝浪漫之品。

天上谪仙人

青莲居士谪仙人，酒肆藏名三十春。

湖州司马何须问，金粟如来是后身。

此诗为唐代著名诗人李白所著《答湖州迦叶司马问白是何人》。诗中"谪仙人"，是贺知章对李白的戏称。李白于天宝六年（747年）写有《对酒忆贺监二首》。

其一

四明有狂客，风流贺季真。

长安一相见，呼我谪仙人。

昔好杯中物，翻为松下尘。

金龟换酒处，却忆泪沾巾。

其二

狂客归四明，山阴道士迎。

敕赐镜湖水，为君台沼荣。

人亡余故宅，空有荷花生。

念此杳如梦，凄然伤我情。

李白在序中解释，"太子宾客贺公，于长安紫极宫一见余，呼余为'谪仙人'，因解金龟换酒为乐。殁后对酒，怅然有怀，而作是诗"。他用此诗追思"四明狂客"贺知章——荷花开得正好，可人去宅空，如梦似幻的往事，空余故宅的现实，诗人不仅有睹物思人、对酒怀人之念，更有萧条异代、物是人非之感。世人还能从诗中得到另一个信息——他为何被称为"谪仙人"。

所谓"谪仙人"，指神仙受谪下凡。世人称李白为"谪仙人"，除了赞美其诗"天马行空，浪漫奔放，意境奇异，宛若天成"之外，还伴随了一个与其出生相关的美丽传说——长庚入梦。这个故事是说李白的母亲在唐武则天大足元年（701 年）的某天晚上，做了一个很奇怪的梦。她梦到一片美丽的星空，西方群星中有一颗闪着白色光芒的星星吸引了她，这颗星就是太白金星。道教中，太白金星是核心成员之一，在天仙中的地位仅在三清（元始天尊、灵宝天尊、道德天尊）之下。道教里的太白金星最初是位身穿黄色裙子、戴紫红鸡冠、演奏琵琶的女神，明朝以后形象化为童颜鹤发的老神仙，经常奉玉皇大帝之命监察人间善恶，被称为西方巡使。神奇的是，梦中这样一颗"名星"竟忽然从天上下坠，落入李白母亲的怀里。晨曦初现，李白母亲感到肚子一阵疼痛。随后，一个白白胖胖的小生命呱呱落地了。既然孩子出生就有如此吉兆，孩子的父母便给孩子取名李白。

然而，很多人并不相信李白是天谪仙人，对他的名字的由来作了另一番考证，并衍生出另一个故事。因李白的父亲李客流亡在外，儿子出生后没能好好庆贺一番，甚至很久都没想好给儿子取什么名字。到了儿子满周岁时，李客想预测儿子的志向，便举行了一个小小的抓周仪式。桌上摆放了钱币、诗书画册、刀剑玩具等一大堆物品，母亲抱着儿子，让他用小手去抓。李白毫不犹豫地抓起《诗经》这本书。李客高兴坏了，心想：如果儿子长大成了诗人，一定要给他取一个叫得响的好名字。他是个有学问的人，可左思右想却想不出比较贴切的名字来，索性等到儿子入学时再说。这样过了四年多，到唐中宗神龙元年（705 年），李客一家从流亡地辗转到了四川昌隆县（今江油市）。第二年他准备送儿子上学，为儿子取学名也就成了一件急迫的事情。这年春暖花开的时候，李客和家人在家院中游玩，他想作一首七绝诗，有意考考儿子有没有作诗的天赋。这天风和日丽，花香四溢，李客以"春日"为题，起头吟出两句："春风送暖百花开，迎春绽金它先来。"然后转向家人说："后面的诗句我想不出来了，你们母子二人各续一句吧。"李客的妻子接受过家塾教育，她略一思忖吟道："火烧杏林红霞落。"话音刚落，四岁的李白就手指李树，脱口说道："李花怒放一树白。"李树应李姓，白应纯洁之色、高雅之质。李客一听拍案叫绝，他觉得李白的这句诗清丽自然、超脱不俗，远胜他们夫妻的三句。称道赞赏中，他的心为之一动：儿子诗句的第一字与末一字合起来"李白"自然天成。因此，他当即决定给儿子取名李白，字太白。而名与字合起来，硬是让人觉得这个孩子就是天神降落人间。

　　名字传奇而浪漫，但人们无法相信人间真有天神存在而不得不用神话色彩来渲染遮饰。尽管如此，世人还未找到一个更合理的解释来说明李白名字真正的含义。李白自己在他的诗歌创作中，总是以"谪仙人"自居，人们也乐意称他为"诗仙"；被神话色彩虚化的真相反而越来越模糊，甚至与李白同时代的人都无法说清楚。李白后认的从叔、曾任宣州当涂县县令的李阳冰著有《草堂集序》一书，他在书中写道："李白，字太白，陇西成纪人，凉武昭王暠九世孙。蝉联圭组，世为显著。中叶非罪，谪居条支，易姓为名，然自穷蝉至舜，七世为庶，累世不大曜，亦可叹焉。神龙之始，逃归于蜀，复指李树而生伯阳。惊姜之夕，长庚入梦，故生而名白，以太白字之。"他把"长庚入梦"和指李花为名捏合在一块说，对于美好事物的向往和寄托的情愫表露无遗。李白的诗友、李白诗文集《李翰林集》的编者和序言作者魏万①，李白挚友范伦的儿子范传正等人，虽都提过李白的出身、姓名的由来等，但却语焉不详，漏洞百出，令人生疑。

也许，让这位伟大的诗人以半人半仙的形象出现才更可爱，但是这会影响到我们对诗人许多佳作的欣赏和理解。因为他的诗"言出天地外，思出鬼神表。读之则神驰八极，测之则心怀四溟"②。追寻这位"诗仙"的人生轨迹，或许能遇见另一番奇妙风景，见证他历经千百年岁月的跋涉最终蜕化为万人景仰的传奇。

---

① 后改名魏颢。
② 出自晚唐皮日休作《刘枣强碑文》。

身世之谜

　　"诗仙"李白不仅名字充满神奇浪漫色彩，他的出身也相当离奇，就目前所见史料，他的家世、祖上几乎没有文字记载。李白绝少与人谈及自己的家世，直到唐肃宗至德二年（757 年），他才在《赠张相镐二首（时逃难在宿松山作）》（其二）中写道：

　　　　本家陇西人，先为汉边将。
　　　　功略盖天地，名飞青云上。
　　　　苦战竟不侯，富年颇惆怅。
　　　　世传崆峒勇，气激金风壮。
　　　　英烈遗厥孙，百代神犹王。
　　　　…………

　　诗中明确告知其先祖是陇西（今甘肃省秦安县一带）人，并且先辈中有人是曾为汉朝守边立下赫赫战功的将领，后人分析认为诗中的"汉边将"应该是指大汉"飞将军"李广。对照李阳冰《草堂集序》和范传正《唐左拾遗翰林学士李公新墓碑并序》《新唐书》本传，都提到他是凉武昭王李暠九世孙。按此说法，李白与唐皇室属于同一世系。李暠家族世代都是豪门大族，他的高祖父李雍、曾祖父李柔都在晋朝为官，历任郡守之职。到李暠的祖父李弇辈，在前凉张轨幕下担任武卫将军，封爵安世亭侯。但这一脉先祖离李白这代人很遥远，仍看不出他的家世和出身。《旧唐书》记载，李客曾任城尉。李客的祖父与大唐高祖李渊同属一脉，皆为陇西贵族，世代显赫，门第高华。正史文字记载仅限于此。有人进一步考证，武则天垂拱四年（688年），李客的祖父随越王李贞起兵，后越王兵败自杀，由此落得反逆的罪名。李客随父亲和族人被流放丰州。武则天长寿二年（693年），李父不堪劳役流放之苦带领家人逃到安西都护府碎叶城（今属吉尔吉斯斯坦）。

范传正在《唐左拾遗翰林学士李公新墓碑》中称，"神龙初，潜还广汉，因侨为郡人。父客以逋其邑，遂以客为名"。唐中宗神龙元年（705年），李客从碎叶城举家迁徙，辗转至四川昌隆县定居下来。有关李白的身世，从他的自述以及一些知情人所述都是从其父李客于这年"潜还"后开始的。而李客在入川前叫什么、为何要隐姓埋名、因何从碎叶迁居蜀中，这些问题都成了千古之谜。后世人们对李白的氏族及出生地进行了深入考证，李宜琛、陈寅恪、郭沫若等名家倾向于李白诞生于碎叶城。

碎叶，即玄奘在《大唐西域记》中所说的素叶城，在今吉尔吉斯斯坦首都比什凯克以东的托克马克市附近。它与龟兹、疏勒、于阗并称为唐代"安西四镇"。碎叶位于天山脚下、楚河谷（碎叶水）之南，是古丝绸之路的重要驿站，也是连接中亚草原与中国西北沙漠的捷径。这里不仅有极重要的商业地位，而且天高皇帝远，也成为突厥、吐蕃人轮番争夺的战略要地。唐高宗调露元年（679 年），唐安抚大使裴行俭平定匐延都督阿史那都支等人的反叛后，又重置四镇，"立碑于碎叶城，以纪其功"。碎叶属条支都督府，大唐派出镇守使治理碎叶。大唐对碎叶经略有年，但后来除了仅宣示大唐主权外，在政治、军事、商贸等方面的治理几乎等于零。大唐使节、商人、僧侣和军队曾一批又一批在这条古道上循着天山北麓的峡谷西行到楚河流域和西域各国，但大都为财利奔走。《大唐西域记》记载，自凌山（又称穆素尔岭，今天山托木尔峰）行四百余里至大清池（伊塞克湖），大清池西北行五百余里至碎叶水城，"城周六七里，诸国商胡杂居"。

李客随父逃到碎叶后，隐姓埋名跟父亲一同经商。他曾担任守城军官，并不具备父亲那样的经商才能，他更愿意做一个行侠仗义的侠客。他玉树临风、一表人才，自小受家庭影响饱读诗书，后来又习得武艺，是个文武双全的才子，在诸国商胡杂居的地方，他更容易发挥所长，一展抱负。在碎叶，李客感受到了与中原完全不同的异国风情，并备受异族姑娘的青睐。在碎叶城的突厥族中，有一个家族很有势力，族中兄弟四人都是远近闻名的勇士，李客与四兄弟交好，常在一处切磋武艺，少数民族纯朴率真的个性对李客影响极大。更有趣的是，四兄弟有个妹妹名叫月娃，长得貌美如花，而且生性敏慧，是个才女。她对李客情有独钟，交往一段时间后就和李客成了婚。一个是俊逸脱俗的仗剑侠客，一个是风华绝代的异域佳丽，上天对他们夫妻特别垂青，婚后未久，月娃便经历了"长庚入梦"。应该说，两个血统的完美融合造就了一代诗仙传奇。

李白初生时就具备混血儿的一些特点。他的长相奇特，面孔迷人，眼眶凹陷较深，眼眸深邃；肤色白净，微胖，健康好动，是典型的西域人形象。李白之友魏万在为李白写的《李翰林集序》中这样描写李白："眸子炯然，哆如饿虎。"他的相貌、体态、动作、性格等都来自基因的遗传，且他自咿呀学语开始就受汉地和西域两种文化熏陶，视野开阔，文化底蕴深厚，为成为神童提供了肥沃的土壤。但到达碎叶时李白毕竟年幼，他对碎叶几乎没有留下多少印象。在后来的诗歌创作中，他也没有提及"碎叶"二字，甚至连父亲李客到底是怎样的人、在碎叶做过哪些事情都未见片言只语。直到开元十四年（726 年），李白在辞亲远游途中作《侠客行》一诗，才隐约透露出父亲李客是一个修养很高的隐士兼侠士。诗中写道：

赵客缦胡缨，吴钩霜雪明。银鞍照白马，飒沓如流星。十步杀一人，千里不留行。事了拂衣去，深藏身与名。闲过信陵饮，脱剑膝前横。将炙啖朱亥，持觞劝侯嬴。三杯吐然诺，五岳倒为轻。眼花耳热后，意气素霓生。救赵挥金锤，邯郸先震惊。千秋二壮士，烜赫大梁城。纵死侠骨香，不惭世上英。谁能书阁下，白首太玄经。

有人说，这首古风乐府有奇幻文学的特征。"赵客"是李白虚构的人物。他引用"窃符救赵"的典故，把"赵客"比作战国时期魏国的朱亥、侯嬴两位隐于市井的侠士，他敬慕、赞美那些在国家危急关头勇于舍身赴难而不居功、不贪恋爵禄、功成身退的英雄，鄙视手无缚鸡之力、皓首穷经的儒生。诗歌中多次热情歌颂了古代的侠客精神，慷慨豪迈的气势令人热血沸腾。李白在这首古风中抒发了他对侠客的倾慕，以及对拯危济难、用世立功生活的向往。

然而，人们在欣赏这首古风乐府诗时，很少会问"赵客"到底是谁。仅从字面上看，这位赵国侠士的装束完全是胡人样式，既是赵国人，为什么要把自己打扮成胡人呢？抑或"赵客"不是指赵国侠客而是这位侠客姓赵名客？可见，李白在这首古风乐府诗中暗藏玄机，其中有他父亲的影子，"赵客"实际暗指他父亲。可惜李客一生为躲避皇权贵族的政治迫害，为躲避仇家的追踪，只能隐姓埋名，默默无闻终老一生。史上很少有人了解他的生平事迹，就连李白也对自己的家世闪烁其词，只能借写诗的方式暗暗表达对父亲的怀念，使这位侠士更具神秘色彩。

可以想象，像李客这样一个性情耿直刚烈之人，武艺高强、侠义之气甚浓，在碎叶城做一名侠士自在情理之中。碎叶是鱼龙混杂的地方，以吐蕃、突厥人为主，他把自己打扮成胡人模样行侠仗义，扶弱济贫，伸冤雪仇，也算功德一件。而且李客家以经商为业，生意做得很大，在那么复杂的社会环境里，即使不做侠士，至少也要会些功夫保护家财。

但自从儿子出生后，李客便有了归隐田园山林的念头。他无比思念故乡，希望和家人过上平静安定的生活，但要成行也绝非易事。从碎叶回到关内有数千里之遥，路途坎坷，拖家带口跋涉荒原沙漠、戈壁山川，危机重重。还有一个更重要的原因，他对当朝的政治形势知之甚少，无法得知朝廷是否已不再追究祖父的罪名，如果历尽千辛万苦回到中原后依然遭到政治迫害，这绝非李客所愿。所以他在犹豫徘徊中，等待时机到来。

回归故土

唐初以来，碎叶城商旅往来不绝。据《大唐西域记》记载，碎叶"土宜糜麦蒲萄，林树稀疏，气序风寒，人衣毡褐"。碎叶附近有茂密森林，潺潺溪水，南望天山雪峰如屏，环境十分清幽。但这里除了有名的葡萄酒之外，几乎没有其他特产值得炫耀。它之所以成为商旅重镇，是因为它扼守着楚河谷的狭长走廊，以致突厥、吐蕃、大唐反复争夺。突厥崛起于金山（今阿尔泰山）一带，至唐武则天长安四年（704年），突骑施首领乌质勒控制了西突厥大部分领地，建立了强大的突骑施汗国。乌质勒虽未称汗，但他所建的政权已发展为真正的汗国，碎叶脱离大唐控制成为突骑施汗国的一部分。

或许，这是李客离开碎叶重返中原的又一原因。如果他继续待在那里，就把自己变成一个真正的胡人了。一个中原贵族，哪怕是受贬谪，也不甘愿改做胡人，何况他是一个高雅脱俗、追求人生境界的侠士。李客开始计划回归故土。

发生在碎叶的种种纷争和战乱，没给李白留下多少印象。他一天天长大，和当地所有的孩子一样，这座小城几乎是他的全世界。在这个世界里，有一掷千金的豪商，有横行无忌的剑客，有狂饮不羁的酒徒，有奋蹄如飞的胡马……这些都成了李白最初的生命体验，使他对西域、战争、侠客、教徒、商人有了朦胧认识。与此同时，幼年应有的童真，也迷失在这神秘世界里。四十多年后的天宝年间（742—756 年），唐玄宗轻动干戈，逞威边远，而又几经失败，给人民带来深重灾难。这时李白写了一首乐府旧题诗《战城南》，他在诗中表露出对西域的地理风俗和战乱局面、征战价值的认识，涉及从秦到唐九百多年的战史，借古喻今：

去年战，桑干源；今年战，葱河道。洗兵条支海上波，放马天山雪中草。万里长征战，三军尽衰老。匈奴以杀戮为耕作，古来唯见白骨黄沙田。秦家筑城避胡处，汉家还有烽火然。烽火然不息，征战无已时。野战格斗死，败马号鸣向天悲。乌鸢啄人肠，衔飞上挂枯树枝。士卒涂草莽，将军空尔为。乃知兵者是凶器，圣人不得已而用之。

诗中表露出李白的矛盾心理。一方面，他感叹征伐的频繁、广远和残酷性，以及数百来的征战给百姓带来无法承受的苦难；另一方面，他一贯主张用战争解决不可调和的矛盾冲突。圣人虽然知晓兵者是凶器，但不得已时还是会用到。李白借古讽今的口吻是那样温和，足见他写的是一曲英雄悲歌。

唐中宗神龙元年（705 年），大唐江山易主。李客觉得祖父在武后朝所犯的罪已威胁不到家人的性命安全了，便下定决心带着全家人踏上归途。临行时，李客站在楚河边的高地上回头眺望，在他脚下，波斯客商的骆驼队伍正缓缓进城，城外道路两边是数家汉人开的茶棚，茶老板正用拙劣的波斯语招呼生意。虽然语言不通，但他们的热情显而易见，笑意洋溢在脸上，手中端着红葡萄酒，不时有过路商人爬下骆驼进茶棚买酒。不远处，数不尽的突厥人的帐篷沿楚河排列。汉人也爱仿照突厥习俗搭毡帐招待客人。河边挤满了洗衣的突厥妇女，她们身着绢布袍子，腰间系着色彩明亮的腰带，在太阳下显得格外鲜艳。更远处，好几十辆打草归来的骡车正拖着小山一般的干草缓缓驶来。李客已经习惯了这里的生活，习惯了这里的一切，现在要离开这里心里真有几分不舍，或许这就是永诀。

此时的李白不到五岁，开始了他一生中最早的也是遥远的一次漫游。所能记住的是马蹄踩踏、疲劳和喘息时那种沉重的声音，记得马蹄走过的路弯弯曲曲，也记得马蹄前面的路曲曲弯弯。他们一家人沿楚河谷向大清池行进。河谷之路比较平坦，且水草丰茂。到了葱岭（今帕米尔高原），则开始了此次迁徙中最艰难的一段路程。葱岭，是昆仑山、喀喇昆仑山、兴都库什山和天山交会的巨大山结，人们称之为"万山之结"，《大唐西域记》称之为"波谜罗川"，群山挤在一方空间内，山与山之间形成狭长的河谷，如盖孜峡谷、木吉乡盆地。好在崇山峻岭之中还有许多"帕"，即平坦之地，可供行人暂歇。中原通往西域的南北两条"丝绸之路"在这里重合。

翻越素以险峻著称的葱岭会遇到诸多困难，《大唐西域记》对此描述得极为详尽，"东西千余里，南北百余里，狭隘之处不逾十里。据两雪山间，故寒风凄劲，春夏飞雪，昼夜飘风。地碱卤，多砾石，播植不滋，草木稀少，遂致空荒，绝无人止"。李客行走的路线以及如何带领一家人走过葱岭已无可考证，但可以想象他们经历了千辛万苦。"明月出天山，苍茫云海间"，这可能就是李白对翻越天山的印象或者是后来的想象。对李白来说，这次迁徙或许已幻化成天山顶上的那轮明月。种种惊奇、恐怖和艰难险阻，最终在他的记忆中化为一片混沌。

但有一点很让人迷惑：李客本可以从碎叶至大清池，再翻过葱岭，经凌山，穿越戈壁、沙漠，经河西走廊入关，直接回故土甘肃陇西；为什么他不选择这条路线而是继续向南行，然后入川呢？

甘肃陇西是李客的老家，已无可争议。如果说李客家世清白，他有什么理由不回陇西呢？那里江山多娇、歌舞升平，那里豪杰辈出、文人墨客写尽文采风流。为什么李客要走更曲折艰险之路，到山高水险、荒僻远甚于陇西的蜀地去？范传正在《唐左拾遗翰林学士李公新墓碑并序》中说他是"潜回广汉"，一个"潜"字把这种罪名展露得惊心动魄——即使过去这么多年，祖上的罪名对李家而言依然是巨大的阴影，李客依然生活在遭受政治迫害的恐惧中。对李客而言，这或许是一次打破家族魔咒的迁徙。而李阳冰却说："中叶非罪，谪居条支，易姓与名。"其祖上为官期间并未犯法，却被贬谪到条支，改名换姓隐居下来。两个最了解李客家世的人说法不一，彻底把李白的身世变成了一笔糊涂账。

但是无论有罪无罪，至少有一点是可以肯定的，那就是李白与李氏皇族有很深的渊源。天宝元年（742年），唐玄宗李隆基下诏，正式将李暠尊为始祖，诏称："殿中侍御史李彦允等奏称，与朕同承凉武昭王后，请甄叙者，源流实同，谱牒犹著。自今已后，凉武昭王孙宝已下，绛郡、姑臧、敦煌、武阳等四公子孙，并宜隶入宗正寺，编诸属籍。"但是，对李白极为宠信的李隆基却没有将李白隶入宗正寺，原因只有一个，那就是李白的先祖有"政治问题"。可能是因为李白在诗中不断用含蓄的方式彰显先祖之功，所以李隆基动摇了。他于天宝二年（743年）下了一道特旨，批准李白隶于宗正寺，亦被编入皇族户籍管理。这可能是李隆基对李白的格外恩宠，因为李白在彰显先祖之功时，并无任何可资证明的谱牒。而隶于宗正寺，已是李白一家入川后三十余年的事情了。

由此推测，李客最初"潜回广汉"有他的难言之隐。故土陇西回不去了，只能选择离陇西、京城长安都不太远的四川昌隆作为定居之地。就这样，李客抹去碎叶的记忆，从此在蜀地隐姓埋名过起了田园生活。对李白而言，每次听到父母谈起碎叶城，他就像听天书，那段记忆几乎一片空白。而涪江东岸的昌隆县青莲乡便成为他的故乡。

青莲神童

　　青莲乡，原属彰隆县治。"涪江中泻而左旋，盘江迂回而右抱"，且有天宝山、太华山和林木苍翠的红岩山，山环水绕，风景秀丽，是"剑门蜀道"的一个重要站点。"剑门蜀道"，即金牛道，是从西安南至成都的沧桑古道，在李白的《蜀道难》中，它被形容为"蜀道之难，难于上青天"。可以推测，李客举家入川时没有走这条道。因为还有两条道通往川北，阴平道和米仓道。米仓道在金牛道之南，只有自甘肃天水关起经文县（今属甘肃省陇南）的阴平道是他们入川的唯一途径。他们沿途看到许多三国时期留下的遗迹，到唐朝时，这些遗迹都被掩埋于草木丛中，古道也已寻不见了，数百里人迹罕至。其地貌原始而险峻，中有摩天岭，其岭北坡较缓，南面则峭壁悬崖，无路可寻，即使山野樵夫也闻之色变。当年蜀人认为这是一条不需设防的险道，然而魏国大将邓艾正是利用这一点，凿山通道，偷渡阴平，一举灭蜀。

　　既然道路如此艰险，李客又是怎样将家人带入川北的？会不会是由西藏经康定、雅安从西面入川？这种猜想更无依据。由藏经康定入川，不仅路途远，而且隔着大雪山，上千里山连山，四季雪封，荒无人烟，根本无路可走。因此，李客如何带领家人平安入川成为千古之谜。

总之，李客历经千辛万苦入川后，终于相中了青莲这块风水宝地，甘愿在此做一个隐士。而李白童年的学习生活也在这里开始了。李客当时最重要的事情是帮助儿子读书。他对李白年幼时的教育很严格，还专门聘请一位塾师到家里为李白讲课。李白拜师后，塾师便说："你去拿《论语》来，我们先从《论语》的章句教起。""对不起，先生，《论语》我全会了！"塾师听后吓了一跳，看到李客点点头，他才改口说："那么，我们学《诗三百》好了！""学生也会了，先生！"先生接着列举了《老子》《庄子》等书，李白也都已经读过了。塾师只得教李白诵读《子虚赋》，但在李客的监督下，李白也已经背得滚瓜烂熟了。李白天资聪颖，因塾师讲授的功课他不感兴趣，加上生性好动、对学习没有耐心，他常偷偷溜出去玩耍。

据说李白后来发奋读书是因见老妪磨针而开悟，这个故事人尽皆知。有一天，他读书读到一半，变得不耐烦起来："这么厚一本书，什么时候才能读完啊！"于是他干脆不读了，把书一扔就溜出去玩。一路上他东溜溜、西看看，不知不觉出了城。来到天宝山下，山麓有小溪自北向南蜿蜒流过，李白沿溪而行。和煦的阳光、欢快的小鸟、随风摇摆的芦花使李白感叹不已。"如果整天在屋里读书，岂不是白白浪费了这么好的天气？要好好享受大自然的恩赐啊。"他正想着，猛一抬头，看见一位头发花白、白衫蓝裙的老婆婆坐于溪畔的青石上，手持一支半尺长的铁棒在脚边的顽石上来回推磨，时不时用手淋上几缕江水。

李白饶有兴致地走上前去，问道："老人家！您这是在做什么？"

见身边站着一位粉面白衫的俊俏少年，老婆婆接着干手上的活儿，她抬起右手擦拭额头上渗出的细微汗珠，对李白笑了笑："家里没有缝衣服的绣花针用了，我打算将这铁杵磨作绣花针使唤。"

　　"绣花针？"李白问，"是缝衣服用的绣花针吗？"

　　"当然啦。"

　　李白更加奇怪了："这么粗的一根铁棒怎么能磨成针？"

　　老婆婆反问李白："你听说过滴水穿石、愚公移山之类的故事吗？道理是一样的，铁杵为什么不能磨成绣花针呢？"

　　"可是，您的年纪这么大了……"

　　"只要我下的功夫比别人深，没有做不到的事情。"

　　李白听了老婆婆的这番话，恍然大悟。同时也为自己不肯下功夫学习，缺少毅力而感到惭愧。自此以后，李白改变了学习态度，潜心读书。

　　何为天才？天才能看到一般人容易忽略的东西。天才不会被单纯的说教折服，一旦他自己有所领悟，就会矢志不移地去做。明人方弘静在《千一录》中记述："太白读书匡山，十年不下山；浔阳狱中，犹读留侯传。以彼仙才，苦心如此。"可见李白坚持读书的事迹已经成为中国传统文化中最励志的一部分，让七百年后的明人都赞赏不已。

　　李白的苦读事迹也带有浓郁的传奇色彩。据说有一天晚上，李白读书作文之后，酣然入梦。梦见他还在写字，写着写着，笔杆上开出鲜艳的花朵，光彩夺目，花香沁人心脾，令人陶醉。正在诧异之间，一张张白纸又从天而降，落到他眼前。李白高兴极了，猜想一定是神仙赐给他一支妙笔。他紧握那支妙笔，飞快地书写，写了一张又一张。不一会儿，身边花团锦簇，原来这些花都是落在纸上的文字变成的。李白捧起一堆莲花，向屋外的池塘跑去，他在池边站定，扬手把莲花洒向池中。顷刻间，奇迹出现了：只见纸花入水后变成一朵朵睡莲，即刻生出茎叶，竞相绽放。微风吹来，花儿轻轻摇曳，阵阵清香随风飘散。李白十分兴奋，刚要伸手去触摸，忽然醒了过来。李白回忆着梦中的情节，不禁感慨：这是一个多么神奇美好的梦啊。此后，李白的才思更加锐进，更加博闻强识，读书也更加刻苦。

戴天大匡山（在今四川省江油市内）有一处鲜翠欲滴的乔松坪，那里是李白读书的最佳去处。大匡山山势秀美，宛若一支毛笔指向蓝天。这里地理环境隐秘，空气清新，风景宜人。山上苍松翠柏，十分茂盛；山下河流潺潺，清澈见底。李白在山上用功苦读，烛火整夜不灭，后来人们把它称为"点灯山"。李白读书的地方现今保留有匡山书院。

李白能成为天下闻名的"诗仙"，虽然和他天资聪颖有关，但和他在大匡山中苦读、耐住寂寞磨砺学业也是分不开的。李白读书不仅刻苦，且涉猎广泛。唐玄宗开元八年（720年），苏颋出任益州刺史，他于路中投刺谒见，其才能使苏颋十分惊异，称赞他说："这小子天才英特，稍稍再用功学习一下，便可与司马相如比肩。"开元十五年（727年），李白在安陆（今湖北省安陆）作了一首《代寿山答孟少府移文书》，其中便列举了《老子》《庄子》名言而化为己说，运用自如，毫无差池。他还在《赠张相镐二首（时逃难在宿松山作）》其二中，说自己"十五观奇书"。可见，他除了遍览经典文史外，还涉猎了不少另类书籍。到十多岁时，他已对琴棋书画样样精通了。

据说某年春天，附近岷山有位客人前来拜访他的父亲，恰巧李客外出未归。来者脸上露出失望的神色，转身欲离去。李白见状，连忙拉住客人说："叔叔您远道而来，半日劳累无从休息，光临舍下却未能见到家父，实在遗憾。不如准我替父待客？"客人见李白既热情又礼貌，心中已有几分喜欢，便坐了下来。李白开始忙起来，先递上热毛巾让客人擦把脸，又端上一碗茶让客人消渴解乏。为了不让客人感到寂寞,他忙完后又陪客人聊天。他大大方方地问:"还未请教大叔尊姓大名,以便小侄转告父亲。"

客人对李白"神童"的名号早有耳闻,有心试试他的才学,便轻捻胡须思索片刻,然后告诉李白:"我的姓是'有人偷',名是'鸟落山头不见脚'。"李白认真想了想,拱手说道:"我知道了,家父回来,小侄一定转告他。"

客人疑惑地问:"请教公子,你是如何在如此短的时间内判断出我的姓名呢?"

李白解释道:"'有人偷'就是把'偷'字的单人旁拿掉,是'俞'字。'鸟落山头不见脚',就是'鸟'字去脚加'山'为'岛'。由此推断出您姓俞,名岛!"

客人听后,更感佩服,连声称赞道:"奇才啊,真是个神童,可喜可贺!"

有人夸赞的同时,也有人不服气,尤其对李白自比司马相如很不满。丰都县有个姓胡的乡绅自以为有学问,想羞辱李白。有一次,他专程来到青莲乡,当着李白的面出了一个上联:"梁山栽大竹,无须淋水。"此联有一定难度,内含当地三个地名,梁山、大竹、淋(邻)水,要想对得工整,需要费些脑力。谁知李白随口答道:"南浦人长寿,何惧丰都。"下联也含三个地名,南浦、长寿、丰都,且"何惧丰都"暗指不怕他这个丰都人。

胡乡绅仍不服气,他又指着壁上的一幅画让大家看。那画中有位老神仙,怀抱一个大酒坛,睡在崖边,坛口朝外流出美酒。胡乡绅以画为题又出了一个上联:"酉加卒是醉,目加垂是睡,老神仙怀抱酒坛枕上偎,不知是醉还是睡。"李白略加思索,对道:"月添半是胖,月添长是胀,胡乡绅挺起大肚堂中站,不知是胖还是胀。"

胡乡绅一听这小子竟然先发制人,讥讽自己,于是立即想办法反击。他领众人到花园散步，只见荷花池里有几只小鹅浮在水上，游来游去，便灵机一动，对李白说："白鹅黄尚未脱尽，竟不知天高地厚！"李白心中有数，料知胡乡绅不会善罢甘休，早已做好准备。所以，胡乡绅话音刚落，李白便指着一只伸出头来窥探的乌龟，对答道："乌龟壳早已磨光，可算是老奸巨猾！"胡乡绅没想到自己大老远跑到青莲乡羞辱李白，结果竟是自取其辱。

开元十八年（730年）李白写了一篇《上安州裴长史书》，他在文中说到自己"少长江汉，五岁诵六甲，十岁观百家。轩辕以来，颇得闻矣"。李白提到的江汉，指长江、嘉陵江，指代当时的巴蜀地区，"少长江汉"就是"少长巴蜀"之意。其中最重要的一句是"五岁诵六甲"。所谓"六甲"，原指甲子、甲戌、甲申、甲午、甲辰、甲寅，此处则指道教方术之书，即道家星象之术。《晋书·天文志上》载，"华盖杠旁六星曰六甲，可以分阴阳而配节候"。盛唐时期曾以道教为国教，但李白崇尚道教并不完全是因为信仰，他自幼喜好的是道家的学说、著作和方术。轩辕是远古神话中的战神黄帝，姓姬，居于轩辕之丘，故名曰轩辕。曾与炎帝战于阪泉，被华夏民族视为始祖。李白通过这两句表达了自己读书之广，涉猎很多华夏民族有史以来的书籍。

由此可见，李白自踏上巴蜀大地起，就开始"颇尝览千载、观百家，至于圣贤，相似阙众"①，言下之意是文史、诸子、圣贤之书无所不读，从他在创作中将各种人物典故运用自如来看，此言绝非大话。其中，许多诗文都以老庄之理作申言，信手拈来，相当熟稔。李白天生异禀，再加上刻苦用功，最终一代诗仙名垂诗史，成为中国诗坛上一个灵魂不灭的千古佳话。

---

① 详见李白《上安州李长史书》。

青莲与粉竹

　　唐玄宗先天元年（712年）八月，二十八岁的李隆基正式即皇帝位。为避新皇的名讳，昌隆县改名昌明县，治所设于孟津里（今江油市彰明镇一带）。西南的青莲乡与孟津里隔江相望，李白的家与县城相距不过二十余里。人们不禁又生疑惑：像李白这样的"超级学霸"，距离县城不远，为什么不入官学、考秀才、考举人，然后进京会试？

　　在李白的学习生涯中，从未有过他入官学的记录，他也没有考过秀才、举人。他曾与邑人东严子隐居岷山数年，郡守推举二人有道科，皆推辞不应。其中缘由仍与其家世有关。他未进官学，不参加科考，是因为他家是外来户且来历不明。李白的父亲不露真名，却有着极高的文化根底。从他督促幼年李白读《子虚赋》可以看出，李客绝非俗人。他应该通晓汉胡文化，并对李白后来的创作产生过深远影响。李白的诗风雄奇、意境豪迈、大气磅礴，以苍凉见长，跟西域胡人的粗犷豪放显然有很大的关系。同时，李白的诗又是那样飘逸、清新、自由，不染世俗尘埃。这是不是与他崇尚道法有关呢？此外，他为何号称"青莲居士"？

有人说李白号"青莲居士"是因他生活学习在青莲乡，但有人考证，唐时青莲乡称为"清廉乡"，后因李白出了名，才将清廉乡改称"青莲乡"；也有人说，李白的自号似受到佛教的影响。清人王琦《李太白年谱》释"青莲"道："青莲花出西竺，梵语谓之优钵罗花，清净香洁，不染纤尘，太白自号疑取此义。"

其实，李白自称"青莲居士"，有三层含义。其一，与家乡谐音。到宋代，家乡人为纪念李白就把清廉乡改称"青莲乡"。可以说李白自号青莲居士，当是出于对出生地及童年生活的追忆和眷恋。其二，别号代表他的精神世界的一个侧面，表明了他的某种志向和情趣，与他童年时期的一段生活经历密切相关。他非常喜爱青莲花，他的梦境"妙笔生花"中的花也是莲花，他还有不少诗篇歌咏莲花。"清水出芙蓉，天然去雕饰"是李白的名句，与其说是对别人的赞誉，不如说是他的自我写照。他认为，书卷气来自读书，在幽幽书香的熏陶下，浊俗可以变为清雅，奢华可以变为淡泊，促狭可以变为开阔，偏激可以变为平和。他的自号反映了他这种崇高的生活志趣。其三，李白自号青莲居士，是出于对道教的崇信。李白深受黄老列庄思想影响，自幼便长期接受传统儒、道文化的熏陶，且与佛教、纵横家关系极深。他在后来的诗歌创作中多次写到青莲花，是以某特殊意象突出对宗教的推崇。"青莲居士"者，修道者李白之自谓也。

青莲乡周边多山，东面天宝山、北面太华山，西北的云雾深处是戴天山、紫云山。这里山水灵秀，仙气飘渺，正是这风景优美的环境使这位伟大诗人一生热爱自然；也因为这位诗仙，青莲乡扬名四海。在李白生活了二十多年的青莲乡流传着这样两句民谣："天宝罗汉粉竹楼，红岩夜雨卧牛石。"这两句概括了与李白有关的几处风景，从中也可见出李白"性本爱自然"的青年时代。

天宝山麓有陇西院，这是李白故居。因李白祖籍陇西而得名，建于他发蒙读书之初。陇西院傍依天宝山，前门气势雄伟。院中部檐顶上塑有宝珠中花、鳌鱼，四角有卷草翼角。中门上端捶灰竖匾上用瓷片嵌塑"陇西院"三个大字，匾周塑五条蟠龙，栩栩如生。三道门由石条砌造，两侧均刻对联。中门是"弟妹墓犹存莫谓仙人空浪迹，艺文志可考由来此地是故居"，右门是"旧是谪仙栖隐处，恍闻昔日读书声"，左门是"太华直接青莲宅，天宝遥看粉竹楼"。从山门拾阶而上，草坪中有座白色大理石雕像：少年李白背倚长剑，手握经卷，骑在石牛上。这座石雕讲述的是一个近似神话的故事。

据说，青莲乡五家坡西南二里的一条沟里有头真牛大小的石牛满身苔藓地蜷卧在那里，每晚到处乱跑，践踏庄稼，农民对此束手无策。《彰明县志》载："石牛沟，有石状如牛，每作祟践食田苗，为世人窥见击损，今石尚存。"据说这是一块石头精，石牛经过风吹雨淋，通体不见刀錾痕迹，仿佛天然生成。以前这头石牛只是静静待着，周边的农户也都不当回事儿。就在李白一家来到青莲乡后的不久，农户发现庄稼晚上被动物偷吃，而且田间地头留有牛的脚印。村里的青壮年集合起来守护庄稼，看是谁家的牛，结果发现竟是沟中的石牛变身出来啃食。村民们无不惊讶，石牛晚上变身活牛啃食庄稼，白天却是一块石头待在原地一动不动。任凭几十个大汉不能移动它分毫，任凭刀凿火烧不能伤其半分。村民请来道士、和尚施法，依然奈何不得，石牛啃食庄稼如故。当地村民深受其害，苦不堪言。

李白自小便有侠义心肠，听到这件怪事后，马上和小伙伴去沟里看个究竟。李白仔细察看，发现这石牛静静卧着，除模样像牛外，其他地方与普通石头无异。它表面光滑无毛，也未沾上土草，甚至连青苔都没有。刚下过小雨，石头上还有水痕。胆子大的幼童拿鞭子抽打石牛，石牛依旧不动；扳动牛角，也不动一下。李白还发现，这头石牛不像普通牛在鼻子上套索牵引。他低头沉思，突发奇想，脱口吟出一首诗来：

> 此石巍巍活像牛，埋藏是地数千秋。
> 风吹遍体无毛动，雨打浑身似汗流。
> 芳草齐眉难入口，牧童扳角不回头。
> 自来鼻上无绳索，天地为栏夜不收。

此诗题为《咏石牛》，从似牛非牛的描写中，极显生活情趣，也表明李白非常熟悉农村生活。特别是尾联，是李白托物言志的精要之处，它表明少年李白已志存高远，不为世俗羁绊。豪放不羁的创作风格初见端倪。

他对石牛观察入微，但诗中却没有细腻描述。这与他后来的创作一脉相承，很少对客观事物和具体时间做细致描述。洒脱不羁的气质、傲视独立的人格、易触动又易爆发的强烈情感，形成李白诗歌创作的一大特色。

从陇西院向东行约一里，可见到后人为纪念李白修建的太白祠。祠周围翠竹掩映，古屋、古碑、古台，组成古色古香的建筑群。祠柱上高悬楹联："真赏难逢，今古几人如贺监；大恩不市，平生无语及汾阳。"

从陇西院绕到背后，便是极具女性气息的粉竹楼。这是一栋坐东向西的四合院，由山门壁照、过厅、粉竹楼主楼、粉竹林构成完整院落。山门壁照前有一方荷塘，夏天塘里开满荷花，蒲花芳丛处还有野鸭光临，平添了几分野趣和诗意。壁照上书"粉竹楼"三个大字，两侧有联曰："犹是陇西布衣，不吾欺也；或谓山东李白，其谁信之。"中门方形，门枋上雕刻双龙戏珠，挑梁上又有吐珠龙头，两边石柱上有一联，上书："月冷江干成胜迹，风来海表识高贤。"两边耳门上也各有联，分别是"月圆徽音不远，谪仙何时归来""日斜孤吏过，帘卷乱峰青"。入内，便是粉竹楼主楼。据说这是李白出川漫游前专为妹妹李月圆修造的。门前一块古碑上书："粉竹楼者，李青莲先生为其妹月圆所筑也。自唐迄明，崇祀不绝。"这栋楼里藏着李月圆的许多故事。

相传，李月圆不仅是当地的大美人，还是一个敢于与兄长一较高下的才女。李月圆小时候就和哥哥一起跟父亲李客读书，月圆素来喜爱吟诗作对。她心思细密，口齿伶俐，有时还比李白略胜一筹，特别是对对联，比李白更敏捷。大约在李白十一岁时，这天中秋夜，天高气爽，月明星稀，景色十分迷人。李客和家人团聚，一边饮酒，一边赏月，共享天伦之乐。李白的母亲为考验兄妹俩的学习成果，出上联让两人对："山清水秀"。李白脱口而出："花好月圆"。李月圆见哥哥故意拿自己的名字调侃，撒娇说："哥哥耍赖，对对联怎么好意思用妹妹的名字？用'桃红李白'岂不更好？"李白母亲笑道："都不好，还是听我的，'人寿年丰'。"李客内心喜悦，但不便夸奖谁，只是含笑看着他们。李白抢先说："不好不好！"李白母亲见儿女争辩嬉闹，便说："不要争辩了，我再出一联让你们对。盘江、涪江、长江，江流平野阔。"月圆立时说："匡山、圌山、岷山，山数戴天高。"李客一听拍手称赞道："好，对得好！"李白略一思索，对道："初月、半月、满月，月是故乡明。"李白母亲夸奖说："太白对得也不错。不仅工整，还紧扣中秋赏月之题。"就这样，你出一对，他出一对，一家人才思泉涌、妙语连珠，度过了一个美好的中秋夜。

月圆十五六岁时就许配了人家，但因李白要出川漫游，她为了代哥哥尽孝照拂双亲，迟迟未嫁。她与女友张雪娥常在粉竹楼居住，日日以琴棋书画自娱。晨昏之时，将洗过脸的脂粉水泼于楼下竹林，时间一长，竹上便覆了一层白粉。于是，后人便将此楼称为粉竹楼。

李月圆在粉竹楼黯然窝居，蹉跎了年华，埋没了才情，她一生没有一首诗文留世。据宋人杨天惠《彰明逸事》记载："有妹月圆，前嫁邑子，留不去，以故葬邑下。墓今在陇西院旁百步外，或传院乃其所舍云"。在陇西院后的山坡上，有月圆墓。《彰明县志》记载："李氏月圆墓，县西十五里天宝山陇西院旁，道光八年（1828 年）培修。"从陇西院拾级而上，不到一里路就是月圆墓。鲜翠欲滴的绿色植物覆盖整个墓基，常年不凋。离墓数米有一口古井，里面水色青幽，很有诗意。在墓前不远的地方，有一方石碑，上面镌刻着一行诗句："阿兄文坛早蜚声，妹冢亦存输社名。耕读并传民意重，太白月圆共长生。"让人回味无穷。

为了纪念这位孝女，后人在粉竹楼前翠竹丛中为她树立了一尊汉白玉石雕塑像。她低头沉思，是那样端庄静穆，不知她是在思念云游四方的胞兄，还是在思念和胞兄一起离去却再没回来的未婚夫。

前文"红岩夜雨卧牛石"诗中的"红岩夜雨"也是当地一处景致。红岩在青莲乡西的盘江右岸，岩呈褚红色，与岩顶青松映衬，色彩特殊烂漫。夜深人静之时，岩下可听见飒飒雨声，故名"红岩夜雨"。这又给青莲增添了几分仙气。

唐代杜佑在他的《通典·州郡六》中写道："巴蜀之人少愁苦，而轻易淫佚。……土肥沃，无凶岁。山重复，四塞险固。王政微缺，跋扈先起。……故一方之寄，非亲贤勿居。"大意是说巴蜀这个地方的人几乎没有愁烦苦闷，大多数人都放荡恣睢，安逸享乐。这里土地肥沃，所以很少有饥荒年景，重重高山遮阻了与外界的交通，因而也断绝了他们对外进取的雄心。朝廷的政令在这里的震慑效果相当有限，天高皇帝远，因此跋扈之徒蜂拥而起。这个地方特别排外，除非特别有实力，或者有亲朋故旧照顾，否则千万不要来这里定居。而李白在蜀乡长大，蜀人之聪慧率真、蜀地的青山碧水、天梯栈道，都给他的心灵以滋养，给其诗文以奇幻的想象和超越的视角。正是这个"尔来四万八千岁，不与秦塞通人烟"的所在，给了他充分张扬个性的空间。一个家无谱牒、漏于属籍，甚至连真实姓名都无法确认的人，读奇书、观百家、学游侠，杂儒、道、纵横等思想于一炉且专于豪侠使气的人，终成为杜甫笔下"痛饮狂歌空度日，飞扬跋扈为谁雄"的狂客、"笔落惊风雨，诗成泣鬼神"的"诗仙"。

胡风厥语、好剑学道、饱读诗书而又纵酒长歌，是李白一生的写照。如果说这位"诗仙"的狂放、雄豪、嗜酒当属西域遗风，那么其奇绝、飘逸之仙风道骨，其经学剑术、无限驰骋的诗思，则应是蜀地赐予。

第二章

书生意气

少年李白如绿竹一般在蜀地自由适意地拔节生长，他热爱蜀地清幽秀丽的自然环境，钟意蜀地逍遥仙游的道风侠气。他爱憎分明，嫉恶如仇，视庸俗官吏如虱蚤，拜名士高道如仙师。在蜀地文化的滋养下，他立志建功立业，信心满满；他的满腹才华横溢而出，诗名远扬。此时风华正茂的李白正满怀豪情地展望未来——"指点江山，激扬文字"……

临风望月一咏诗

　　玉蟾离海上，白露湿花时。
　　云畔风生爪，沙头水浸眉。
　　乐哉弦管客，愁杀战征儿。
　　因绝西园赏，临风一咏诗。

　　这首《初月》是李白的即景抒怀之作，此时他仅十二三岁。少年时期的诗虽只被看作他的习作，但也足以体现他深厚的文学根基。《初月》写的是形状如钩之新月，对"山上月"和"水上月"进行生动描写，形象地表现了月光的位置和环境相互映衬的效果，其动态令人有清朗舒畅、迷离幽静之感。在李白后来的创作中，月亮是他常用的"道具"，但在不同时期他借助月亮表达的情感却大不相同。此时的创作中既没有淡淡的哀愁，也没有浓浓的思乡情。初月在此时的李白看来就是一弯美丽的月亮，体现的是悠然洒脱的少年情怀——"小时不识月，呼作白玉盘"。

李白从西域苦寒之地来到这山明水秀的地方，对他而言简直像到了一个"桃花源"。他徜徉在青山绿水之间，爬坡、戏水、捉鱼、扑蝶、读书、咏诗……他在蜀地生活了二十余年，对故乡的山水草木满怀着欣赏、热爱之情。在他后来的诗作中，大都是写故乡的山水雪月，他临清流而歌，望高山而神往。再看李白十七岁时写的《雨后望月》：

西郊阴霭散，开户半蟾生。
万里舒霜台，一条江练横。
出时山眼白，高后海心明。
为惜如团扇，长吟到五更。

雨后的盘江秋风萧索，万里原野弥漫着一片霜雾。荒野中阴云弥漫，雨声滴答，让李白无法入睡。深夜霭散风清，一轮明月从云雾中钻出来。李白起身眺望，心情豁然开朗。月下，大江就像一条横着的素练。望着眼前美景，不禁感叹造物主的神奇：月亮怎会是如此通明澄澈的一个天体，当它初升时，山中的泉眼都能透白；当它升高时，海水也因此闪现明光。月下的山水那么美，他兴致勃勃地吟起诗来，因为喜欢这如一执团扇般完整和秀美的月亮，他愿意对着它咏诗赞诵到天亮。从诗中，人们可以感受到李白对故乡月色美景满怀深情，他的"月亮情结"恐怕也是从青少年时期开始的。

在诗人的灵魂最深处，明月和故乡是等量齐观、不分伯仲的。在李白的精神世界中，皓月皎洁无瑕，它高悬于黑夜，不因阴暗而玷污自己，正如同他的人品，高洁而不孤傲，有时一地清辉，有时平卧江湖之底，磨洗出干净的灵魂。

野凉疏雨歇，春色遍萋萋。

鱼跃青池满，莺吟绿树低。

野花妆面湿，山草纽斜齐。

零落残云片，风吹挂竹谿。

这首《晓晴》① 是写阵雨后的春景。鱼跃莺吟，野花像刚化过妆的女子，山草也被梳理得那样整齐。再看天空的云朵，就像被风吹得挂在溪边的竹梢上。同样是写动态实景，此诗虽有想象，但还不至于奇幻缥缈。此外，还有《对雨》等诗写的也是故乡山水之美。

卷帘聊举目，露湿草绵芊。

古岫藏云毳，空庭织碎烟。

水纹愁不起，风线重难牵。

尽日扶犁叟，往来江树前。

此诗描绘的是雨景，雨丝如毛如烟，打湿碧草、峰峦、古洞和庭院。李白在诗中流露出微微的忧愁。他见到的是细雨中农民的扶犁耕种图，为了生计，农民一刻不停在雨中劳作。此诗借景抒情，似乎比前几首深沉了不少。

从李白少年时期的诗风来看，此时的诗歌大都以景起兴，写实多于想象，风格俊逸清新。其诗风变化较大的当属一首《夜宿山寺》：

危楼高百尺，手可摘星辰。

_____

① 一作《晚晴》。

不敢高声语，恐惊天上人。

　　李白有一次夜宿深山里的一个寺庙，发现寺院后有一座很高的藏经楼，于是他登了上去。阅读经文很久后，他临窗远眺，只见天空群星闪烁，仿佛伸手可触。他诗兴大发，写下这首短诗。这首诗的语言浅直，未用典故，但自然天真，极具孩童式的幻想。全诗只写危楼之"高"，却妙用夸张、大胆发挥想象力，字字将人们的视线引向星汉灿烂的夜空，非但没有"高处不胜寒"的感慨，反给人旷阔之感，以星夜的璀璨引起人们对高耸入云的"危楼"的向往。

　　李白从小崇道、喜静，他临风咏诗时，也总是选择宁静的环境，如月夜、雨后、雪天。他选择的读书作诗的地方也很特别。他看中小匡山下的读书台，因为他家住青莲场边的阴平古道旁，常有商旅和访客往来，不免受到烦扰，影响读书。所以他在小匡山下建了一间石屋。屋内陈设朴素，仅有李白特意挑选的一张书桌、一张床，他喜欢这种摒弃浮躁、返璞归真的生活。在这里，他安静地读书、写诗文、思考问题；休息时，他起身看着窗外的滚滚流水，往往能够顿悟很多古书里的道理。

　　唐朝学府繁多，诸如国子监、崇文馆、弘文馆、太学、四门学、书院、族学、家塾等。李白小时候读书不入官学，除了出于身世之忧外，还说明他有与众不同的志趣。

少年无心作书吏

少年时，李白就得到一些社会名流的推崇与奖掖，开始从事社会干谒活动。他从小接受道家思想，尤其崇尚汉代辞赋家司马相如，认为他是绝代才子。李白以不世之才自居，且他的最初目标便是"作赋凌相如"，他在出川前似乎从未表露出有建功立业、"终与安社稷"的理想。十五岁时，李白作《明堂赋》，有人称他在歌颂盛世，借以抒发其政治主张和理想。此说不免牵强。

画堂晨起，来报雪花坠。高卷帘栊看佳瑞，皓色远迷庭砌。

盛气光引炉烟，素草寒生玉佩。应是天仙狂醉，乱把白云揉碎。

这首《清平乐·画堂晨起》既富有生活情趣，又有无穷无尽的想象。窗外已是白雪皑皑的世界，而大雪还在下。堂内的李白喝得大醉，清早醒来，打开窗户看到雪花漫天飞舞，地上花草晶莹剔透，闪着寒光，像挂满琨玉。银装素裹的佳境令他不禁心动，灵感一现，执笔泼墨挥毫。诗中的画面雄迈不失瑰丽，俊美而带豪气；比拟惊人骇俗而又极合情理。"坠、狂、乱"构筑的是一幅洁净的人间仙境，能让人远离世间烟火俗气，忘却人间一切烦恼。"佳瑞"或许可说是对当时盛世的赞美，但其中丝毫不见李白的政治抱负，而更像比喻个人修为，追求心灵高洁。

少年李白的理想是潜心学习，修养仙气，让自己的才华超越司马相如。正因如此，李白在当地的文气名声越来越大。有人赏识其才华，推荐他到彰明县县衙做笔吏，此时李白十六岁。在县衙的工作是写公文、看书，偶尔出公差，权当出游，倒也轻松自在。写公文、传送文件或完成县令安排的其他事情，对李白来说是小菜一碟，他能又快又好地完成。时间一久，县令对他越来越放心，凡事都愿意交代他去办，似乎越来越看重他。可是，李白却对县令越发看不惯，尤其对他的某些作为十分反感。他逐渐发现，这位县令平日除了爱听奉承，判案总是漏洞百出。李白有时看不过去，拟公文时便询问县令是否要改正，县令却因此动怒，不允许他多问。久而久之，李白对县令的指示越发怠慢。

有一天，李白给县令送文件，不经意听到县令和县尉在密谈，得知县令胡乱判案是收了人家的贿赂。这让李白异常恼火，他原本以为县令只是敷衍塞责、昏庸不作为，没想到他竟玩忽职守、贪赃枉法。年轻气盛的李白暗暗发誓，一定要找机会当众揭露县令的丑恶嘴脸。

没过几天，一位老农报案说自家的牛被偷了，并已查出窃者何人。谁知县令不管三七二十一就判老农撒谎，将他收进监狱。李白料定被告势必与县令有不可告人的勾当，于是暗自查访，果然是县令受贿了。了解真相后，李白前去质问县令："大人，自古断案都讲究真凭实据。您判老农撒谎，敢问是否有确凿证据证明呢？如果您没有证据，还望您重新判决，还他清白！"县令没想到自己的属下竟会当众让自己难堪，恼羞成怒，愤然呵斥道："李白，你好大的胆子！既然你小子爱管闲事，干脆就去放牛吧。"

自此，李白除了要完成县衙里的工作，还要兼职做县令家的放牛娃。他不仅不伤心，反而动起了心思。有一天，李白牵牛进入县令家的内院，经过正堂前，被县令夫人看到。她心想：这李白越发狂妄没规矩了，怎么能把耕牛牵到内院呢？他这么做简直是存心羞辱县令老爷！想到此，她大发雷霆。李白看她火冒三丈的模样，赶紧鞠躬道歉，随后又吟诗一首："素面倚栏钩，娇声出外头。若非是织女，何得问牵牛。"① 他寓讽于赞中，县令夫人只听出表面的褒扬，于是心情大悦，不再责难他。

北宋杨天惠在《彰明逸事》中还记载了李白侍研席之事。这个县令喜欢作诗，附庸风雅。一天，县令设宴待客，他让李白备好纸笔，想写一首咏山火的诗。县令写完"野火烧山去，人归火不归"两句后便毫无思路，他手捻胡须，绞尽脑汁但一无所获。众客人面面相觑，不敢多言。这时李白实在忍不住了，脱口而出："焰随红日远，烟逐暮云飞。"众人一听，连声称道"好诗"，县令脸色一沉，拂袖而去。李白以为自己帮县令解了围，却浑然不知他再次得罪了县令。

唐玄宗开元五年（717 年）五月，县里接连下了几场大雨。湖泊塘堰开始溢水，沱江泛滥，淹没不少农田。面对如此严重的灾情，防洪救灾是县令责无旁贷的责任。若县令救灾不力，必定遭到弹劾，轻者就此丢了乌纱帽，重者将按律治罪。这天清晨，县令带着下属

---

① 此诗名为《白微时募县小吏入令卧内尝驱牛经堂下令妻怒将加诘责白亟以诗谢云》。

视察灾情。来到沱江边的一个渡口，县令举目四望，发现被洪水淹没的农田都是两岸的低洼地带，其他农田被淹得并不严重；而且只有渡口旁边的几间茅棚倒塌，江水离江堤还有半尺。县令看到这些放下心来，自以为当地灾情并不严重，上报的情况实是危言耸听。

从旁跟随的李白见县令脸上毫无悲痛怜悯之色，反而是一派游山玩水的悠然自得，不禁怒从心生。他望着滚滚浪涛，一边在心里痛骂昏官，一边默默地为灾民祈祷：求神灵保佑黎民百姓，保佑江堤不倒、农田无大恙。

恰在这时，一名衙役指着江边的芦苇丛喊道："看，那是什么？"众人顺着他手指的方向望去，是一具从上游漂下的尸体。猛地一个大浪将尸体冲到岸边，在芦苇丛中转了几转。有人用竹篙拨开芦苇，将尸体拉到岸边，众人拥过去一看，原来是一具女尸！死者的年龄大约二十岁，面容姣好，头发散乱。望着这具女尸，人们七嘴八舌地议论起来，有人说此女子是被沱江的洪水冲下来的，也有人说她是不慎落水而亡，还有人说她可能身患绝症，心灰意冷之际投江而死……嘈杂之间，一个撑渡船的艄公在向渔夫低声说女子的死因。李白隐约听到几句："造孽呀，一条活生生的性命就这么没了，多好的年纪啊……""伤天害理的人不得好死！"

县令推开人群，走到岸边，看着被溺死的女子，他诗兴大发，摇头晃脑地赋起诗来："二八谁家女，漂来倚岸芦。鸟窥眉上翠，鱼弄口旁珠。"

作为地方官，县令既不想知道死者是谁、为何溺水而死，也不安排人将尸体打捞起来赶紧掩埋，而是站在岸边旁若无人地"欣赏"死者的"眉上翠"和"口旁珠"。旁边的李白看到昏庸的县令竟以死者为诗题，且内容多有不恭，顿时火顶脑门，他满怀疾愤之情续了四句：

绿发随波散，红颜逐浪无。

因何逢伍相？应是想秋胡。

　　李白借用典故诉说这位不幸丧命的女子生前遇到的人肯定不是伍子胥那样的正人君子，而是像秋胡那样卑鄙的好色之徒。李白辛辣地讽刺县令就像春秋时行为不轨、玩弄妇女的秋胡，应该让被吴王夫差冤杀的伍子胥化作怒潮淹死。县令听了李白的续句后，脸"唰"的一下变成了猪肝色，俄而又由紫转白。他浑身不住地哆嗦起来，忙令众人打道回府。

　　李白料定此事之后县令必将伺机报复，而且自己并不十分中意书吏这份工作，干脆辞职吧。于是，李白打点行装回家了。此时的李白既没有入仕为官的欲望，也没有官场常识。他的志趣还在练剑为侠、修道成仙上，并希望自己能像司马相如那样留下千古传世之作。

十五仙游未曾歇

早在十五岁之前，李白就开始学道，最初都是自学，至多前往戴天山寻找道观的道士谈论道经。他在《感兴六首·其四》中提到自己"十五游神仙，仙游未曾歇"，是说准备游访名山、拜得道的名师学艺。李白还在其他诗作中提到自己十五岁的经历，如在《与韩荆州书》中写道"十五好剑术，遍干诸侯"，在《赠张相镐其二》中写到"十五观奇书，作赋凌相如"。可见，李白十五岁时已对修仙、剑术有一些心得。事实上，李白到十七岁时才开始"仙游"。

蜀地仙风浓郁。李白幼时就闻得当地有位名叫赵蕤的高人，他修为深厚，道术更是天下闻名。李白辞去书吏差事后，便专心寻访这位高道。他首先登上附近的戴天山，当时正是春分时节，一路上落英纷飞，李白兴致盎然，沿小路直攀上峰顶，结果连一个人影也没寻到。失望丧气之余，他写下五言古体《访戴天山道士不遇》：

犬吠水声中，桃花带雨浓。

树深时见鹿，溪午不闻钟。

野竹分青霭，飞泉挂碧峰。

无人知所去，愁倚两三松。

李白以清新明丽的笔触描绘出一幅恬静幽丽的山水画卷。鲜艳的桃花、青翠的野竹，泉水淙淙、犬吠声声，都衬托出环境的幽静恬适。虽然没有遇见道士觉得遗憾，但这般美景却令人流连忘返。从李白描写的自然美景中，可以看出这里是隐士的一片净土，从而侧面烘托了隐士的淡泊与高洁，也可以体会李白因造访不遇而怅然若失的心情。这首古体诗平易自然，纯用白描，将李白访高人不得的愁闷表达得真切婉转。

李白第一次上山没遇见高人，悻悻而返。但他并未灰心，孩童时的李白就常宣称自己一定要找到仙人学会飞升仙术。当时家人对他的无忌童言并不放在心上，如今他已成长为俊逸少年，必须去追寻梦想了。过了几日，他再次上山，这次他选择的是与戴天山紧紧相连的天仓山。天仓山，又名乾元山，山势雄奇，洞穴众多，树木茂密，怪石林立。山中有不少道士修炼，坊间还流传着许多与天仓山有关的道教神话。

开元六年（718 年）初，李白上到天仓山，很快他就打听到名叫赵蕤的侠士。此人是位游侠，并不定居于天仓山。他年轻时豪放不羁，酷好击剑，因胸怀安邦定国之志，苦读经典，一心谋取功名，不料却屡试不第。自此便不再寄希望于跻身仕途，他一边著书立说，一边飘荡江湖。开元四年（716 年），他著成《长短经》九卷。这部博考六经异同、分析天下形势、讲求兴亡治乱之道的纵横家式的著作引起了李白极大的兴趣。李白找到赵蕤并执意拜他为师，习剑术、谈纵横，此人成为李白的政治启蒙老师。

《长短经》内容繁杂，包罗了儒、法、道、纵横诸家的学说，如儒家的治国之学、法家的霸王之道、纵横家的应时制变之谋等，还包括一些实用之"术"，如道家的飞升之术等。李白的初衷是习剑修道，对纵横学说的兴趣不大。他痴迷剑术，时常幻想着一酒一剑一江湖的快意人生，练剑练到废寝忘食是常有的事。在天仓山，这个少年剑客总是在月光下舞剑，明月如水，剑气纵横，一声长啸惊飞了林中的一群鸟儿。

幼年时李客也曾教他练剑，但并没有教他完整的剑法路数，其剑术多是自习。现在拜在赵蕤门下，不仅接受了正统的剑法学习，剑术精进，且独成套路。同时，他对儒家的经世治国之学、纵横学制变之谋也略知一二。他萌动了进身仕途之心，希望用所学谋略和计策为朝廷效力，造福百姓。但赵蕤并没有当官理政的实践经验，他教给李白的大多是国家分久必合、合久必分的大格局，对刚接触政治的李白来说这些还太深奥。即使后来李白上书朝廷阐述自己的政治主张时，也总是不着边际、无法落地，除了与李白个人性格有关外，应该说与这位老师的教学也有很大关系。

在习武论道之外，师徒俩还有一个共同爱好——漫游。赵蕤著书前，曾云游四方，足迹踏遍大江南北，现今年纪渐长，飘荡的心才稍稍安定下来。他二人在许多方面有共同话题，所以一见如故，亦师亦友。他们常相携到附近的山上游览，吟诗作赋、切磋剑术，相学相长，很是投机。李白的诗文因此增添了一些气势，也更加才气逼人。时人争相传颂"赵蕤术数，李白诗文"，并将他们合称为"蜀中二杰"。

可是，李白每向赵蕤请教道法疑难问题时，他却总是避而不答，或顾左右而言他。有时把他问急了，就搬出古代几部兵法故事，包括秦汉时期张良能学到黄石公的《太公兵法》全得益于"桥下拾履"。这让李白更加疑惑，以为自己对赵蕤还不够恭敬，于是将往日的傲气一扫而光，表现出更加谦卑的姿态。一天，二人月下小酌，酒至半酣，李白突然跪在桌前，向老师请教道法奥义。赵蕤无奈之下只得向李白讲解自己研习《鬼谷子》后写就的得意之作《长短经》中的精华篇章。他讲解说，《长短经》也分"道"和"术"两层，这与道家的思想架构一样。"道"研究普遍规律，"术"研究具体方法，《长短经》是将"道"和"术"融会贯通，研究二者统一、变化的规律，但它只是道法的一个旁支，侧重于政治、外交、军事等领域。在李白的潜意识里，他觉得自己不是凡夫俗子，而是被贬下凡的天仙，他要学的是飞升成仙之术。他终于明白，老师赵蕤并不是自己最理想的老师。因一时感慨，李白写下他的第一篇赋《拟恨赋》。这篇赋沿袭江淹的《恨赋》而作，他为以往时代的众多俊杰写"恨"，从而鼓励和鞭策自己。无论是"成王"还是"败寇"，逝去的英雄豪杰都有"遗恨"。但恨有什么用呢？天定的命数即是如此，结局终归尘土，而无一成仙，长生不老。其潜在含义是说他自己一定要得道成仙。

赵蕤读了李白的《拟恨赋》后，感慨自己大半生都在入仕与修道之间徘徊，四十多年岁月蹉跎竟一事无成，他不想让李白步自己的后尘，浪费大好青春。他把李白叫到近前，语重心长地说："为师所学有限，不能传授给你什么秘籍。但将这本《长短经》送与你，将来未必无用。为师自知你最想学什么，但无法教给你。如你一定要学，就往西面的岷山去吧，那里有个东岩子道长或许能教你。"

李白非常不舍地与老师告别。下山后又计划前往岷山访仙拜师。可是，岷山北起于甘肃省南部，延伸至四川省西北部，绵延两百多公里，峰峦重叠，河谷深切，要想找一个远离尘俗的隐士，好比大海捞针，只怕十年八载也未必寻得到。但李白决心已定，信心满怀。

他事先做了详细的寻访规划，一山挨着一山地寻访过去。上岷山前，他先在大匡山周边寻访，并写下《寻雍尊师隐居》：

群峭碧摩天，逍遥不记年。
拨云寻古道，倚石听流泉。
花暖青牛卧，松高白鹤眠。
语来江色暮，独自下寒烟。

此诗写他在寻找雍尊师过程中所见的景色，对雍尊师的仰慕之意及寻访不遇的惆怅之情溢于言表。与李白以前的诗作相比，这首诗在写作技巧上大有提高，构思精巧，移步换景，着力渲染有声有色、有动有静的山水花木、峭壁飞泉，幽美绚丽的景色烘托出淡淡的愁思与怅然。

第一次寻雍尊师不遇，李白并没有灰心，几天后他又登上了太华山。太华山与大匡山属同一山脉，紧紧相依，主峰不高，上建有太华观。从大匡山大明寺逶迤向西北而上，走十余里即到。他观赏了太华观后写下《太华观》一诗：

石磴层层上太华，白云深处有人家。
道童对月闲吹笛，仙子乘云运驾车。
怪石堆山如坐虎，老藤缠树似腾蛇。
曾闻玉井今何在，会见蓬莱十丈花。

与上一首《寻雍尊师隐居》不同，这首诗先写观赏太华道之远景，展现仙界缥缈若虚的境界。再写近景，观主远游，只有道童在月下吹笛，笛声在清幽旷远中动人心旌，表现出道家生活的逍遥自得。显然，这次李白依然没见到他要拜访的"仙人"，但他丝毫没有显露出沮丧情绪。他四处打听，有人告诉他青城山（属岷山一脉）的道场比较多，如果运气好，到那里就能遇到得道的高道。李白为之一振，随即赶往百多里外的青城山。

青城山靠近岷山雪岭，位于都江堰西南，是道教圣地。山中古树参天，林木青翠，四季常青；溪涧纵横，诸峰环峙，状若城廓。进山有丹梯千级，曲径通幽，师坛密布。李白已打听到东岩子隐士的道场就设在紫云岩。传说，这位东岩子能与鸟沟通，在林中饲养了许多奇禽异鸟。这些美丽而驯良的鸟儿定时飞来求食。有时隐士以特殊的声音呼唤鸟儿，它们便从四处飞落阶前，甚至可以在人的手里啄食谷粒，毫不惧人。这件事被远近传作奇谈，很多人远道而来访仙问道。李白也是通过这件奇事找到紫云岩的。

但是，李白几次登岩造访，都没有遇到这位神秘的隐士。他心里很纳闷，琢磨了半天终于明白，隐士定是早起早睡，所以白天很难见到。于是，这一天李白特意起个大早，天微亮就上了紫云岩。只见在一块巨大岩石边，一个人正用一种奇特的声音呼唤林中的鸟儿。李白连忙跑过去，仔细一看，既惊喜又甚感诧异，原来这个人就是他的老师赵蕤，也就是东岩子道长。李白行过礼后，不解地问："先生在天仓山开馆授徒，在青城山又设道场，到底传授哪门学问呢？"

赵蕤没想到李白如此心诚，或许是天意，于是说道："看来你我缘分匪浅。在天仓山，我是先生，为人们宣讲入世学问；而在青城山，我是道长，只研习出世道法。"听到老师的解释，李白恍然大悟，此后便改称先生为道长，他们这种亦师亦友的关系保持了一生。

李白在岷山青城筑巢（茅棚）而居，希望能跟道长学到一些道术，尤其是飞升之术。他后来在《上安州裴长史书》中提到"昔与逸人东岩子隐于岷山之阳，白巢居数年，不迹城市"，说的当是这两年多时间在青城山隐居修仙的神秘经历。

岷山延伸至川西北，与陕南的秦岭相依，向东至淮河南岸，直抵长江口以北，山连山，峰连峰，地貌非常复杂，各山头的名称叫法也不一致，很多是同地异名。杜光庭在《青城山记》中说："蜀之近江源者通谓之岷山，连峰接岫，千里不绝。"因此，人们很容易把同样位于岷山之阳的大匡山天仓山与青城山混为一谈。史学家郭沫若经详考认为，李白十八岁"读书于戴天山大匡山，依潼江赵征君蕤"，"二十二岁，游峨眉山，隐居青城。养奇禽千计。二十三岁，在青城山。二十四岁在青城山"。而无论在天仓山（大匡山）也好，青城山也罢，李白在出川前几年，游历了川西北的名山秀水，然后在青城山停下脚步，开始了他鲜为人知的修道生活。

在李白寂寞的隐居生涯中，除了书籍，陪伴李白的还有一柄宝剑。书香剑气，正是李白出川前的生活写照。他一边博览群书，一边孜孜不倦地拟作《文选》中的诗文，正所谓"剑气非关月，书香不是花"。正如刀越磨越锋利，人生好比磨刀，只有不断积累经验和知识、不断充实自己，才会获得成功。隐居也是人生修炼的一种，做到淡泊名利，人才具备浩然之气。李白在后来的诗作中一再提到自己有一柄"龙泉剑"，还有与此剑相配的剑法，但实际上都是他对自己品格的自喻，"宁知草间人，腰下有龙泉""金羁络骏马，锦带横龙泉""龙泉解锦带，为尔倾千觞""万里横戈探虎穴，三杯拔剑舞龙泉"①，无一不是说他有才气、胆气、意气、豪气。同样，书香不同于大自然的花香，大自然的花只要等到时节就会随意绽放，飘

---

① 以上诗句分别出自《在水军宴赠幕府诸侍御》《留别广陵诸公》《夜别张五》《送羽林陶将军》。

出香气；而"书香"则要读书人付出辛苦，如颜真卿劝解的"三更灯火五更鸡，正是男儿读书时"。读书久了，自然可体味到读书之香——陶冶了性情，开阔了心胸，丰富了知识，增长了见识。可是，李白来青城山隐居的目的是学道法，他的老师东岩子是否倾囊相授了呢？实际上，东岩子并没有把道法秘籍传授给他（或许根本就不存在秘籍），但道法基本理论还是悉心教授了的。

青城山的道风一日盛似一日。李白除了读书、写诗、练剑外，还干了一件了不起的事情——养灵鸟。他养的不是一般的鸟，而是数以千计的"奇禽"，这显然是向老师东岩子道长学来的。某日，李白很想试一试如何像东岩子那样召唤鸟儿，于是蹑手蹑脚走过去，从道长的大瓮里抓起一把谷子，摊开手掌，口中念念有词，似念密咒。他满心欢喜地向鸟儿靠近，等它们落下来啄食。可是，那些鸟儿却如临大敌，全都振翅而飞。东岩子见状，笑道："长剑在手，喂的什么鸟？"李白听了道长的话，立刻扔掉手中的剑，将刚才的亲昵动作重复一遍。但他又等了好半天，鸟儿依旧自顾觅食，丝毫不理会他的示好。李白直愣愣地站在那儿看鸟儿，直到它们纷纷飞走不见，他才懊丧地返回自己"巢居"的茅棚。

李白想了一夜，也没能悟透其中的奥秘，第二天拂晓时分，他就来到东岩子道长唤鸟的地方。东方微曦，晨雾缥缈，前方的山顶上，隐约可见在树梢上下翻飞的鸟群。东岩子在一块岩石上坐定，静静地吐纳声息。李白不便打搅，便在一旁找了个视线好的位置盘腿坐下。大约过了半个时辰，太阳升起，温暖的阳光渐渐照亮附近的山峦，东岩子站起来舒展一下筋骨，口中发出一阵像用竹叶吹出的声音，清亮悠长。这时，整座山都回响着鸟儿的叫声。道长饲养的那些奇鸟像听到号令一般从四处飞来。东岩子对李白说，先把自己当做一只鸟，再与它们交流。李白很高兴地走到道长身边，从怀里掏出鸟食。道长制止道:"先别急着喂食,先看看它们是否欢迎你。"李白不明白,要讨鸟儿欢心,自然是先给它们吃的,不然怎么会受到欢迎呢?但他还是按道长说的做了,他漫不经心地接近鸟儿。鸟群一直在他头上盘旋,既不歇下来,也不飞走。李白觉得这比前一天喂食的情形大有改善,却不明白其中的道理,更不明白与道法有何关联。于是,跪拜道长,请教法理。

东岩子在眼前这位高傲自大的青年身上看到几分道家风骨,便为他解说,世间有生命的万物,尤其是灵鸟,都有本能的防卫机制。当你带着某种目的去接近它们时,它们会感觉到某种威胁降临,会本能启动防卫机制,抗拒你进入它们的视野、闯入它们的活动空间。但世上万物又都有某种必然联系,存在相互影响的变化规律。道法自然,就是按自然规律去做,不能违背"道"而强求达到什么目的,也不强求结果,这就是出世智慧。李白突然明白,不能把修道成仙当作终极目标。如果强求这样的结果,修道的出发点就错了,个人也不可能有很高的修为。而那些"道术"只是帮助修炼的"小花招"而已。无论多么高深的道法术数,都不要成为修行人执着追求的目的,道法术数只是修行悟道的工具,可有而不可执。

李白听了东岩子这番话,心有所悟,又冒出新的念头:待自己具备一定功底后,再找更多潜心修道的高人探讨,一定要搞清楚"道"与"术"的奥秘。

此后,李白依旧每天天刚亮就跟东岩子一起打坐,一起喂鸟,偶尔探讨道术对修道的助益;白天练剑、写诗,或到周边山头闲游;晚上苦读老庄列子等道家书籍,研究道法理论。

这样坚持了数月,那些奇禽异鸟渐渐开始亲近李白,有一只鸟甚至飞上了他的手掌。李白惊喜莫名,他一动不动地屏息注视着这只尾带花翎的神鸟,坚持了一会儿,他忍不住呼出一口气,灵鸟

"扑腾"一下飞走了。李白略感遗憾，却以为他的道术精进了不少。

东岩子虽为师长，却不善言辞。他不希望李白痴迷于修道，也很少主动与李白交流，他们之间的对话大多是问答式的。东岩子不喜被外界打扰，不仅不收徒还谢绝外界来客造访。但随着青城山道风日盛，东岩子的一些奇能异事也在民间传播开了。不仅教内信众趋之若鹜，就连那些对道教一窍不通的教外人士也慕名而来，东岩子以及李白都不堪其扰。

开元十一年（723年）初夏的一天清晨，李白正与东岩子一起喂鸟，山上突然来了不速之客。这位客人自称巴西郡人，为了能一睹东岩子道长尊容和他饲养的珍禽异鸟，昨晚在山上露宿一夜，早起登山非常幸运地遇见了道长。

既然是机缘，东岩子不再拒客。他们围一石桌坐下，交谈数语。此人就是李白后来在《上安州裴长史书》中提到的"广汉太守"。李白在文中提到："养奇禽千计，呼皆就掌取食，了无惊猜。广汉太守闻而异之，诣庐亲睹，因举二人以有道，并不起。此则白养高忘机、不屈之迹也。"这位太守不仅听说东岩子有特异功能，是修道高人，还从朋友那里读过李白的诗作，认为李白是当世奇才。太守对东岩子和李白说："当朝玄宗皇帝正在各地招贤纳士，尤其要招募一批武将。如果二位愿意出山，入世为官，本太守可为极力推举。"

李白和东岩子当场回绝，不愿接受这好意邀请。太守又劝两人参加下次的科考，并说"以二位的才华，必会高中，既可享有高官厚禄，也不影响修道"。但东岩子仍不为所动，表明了自己"养高忘机，不屈之迹"。倒是李白听后心略微一动，只是口头上拒绝罢了。

蜀国多仙山

广汉太守离去后，李白年轻的心躁动起来。他自觉书生意气太重，只懂"书"，不懂"事"，迷恋修道导致对外面的世界一无所知。况且，他对巴山蜀水寄予了一腔激情，怎么能在青春大好时就巢居隐世、修仙养鸟呢？

性格决定命运。李白天性开朗洒脱、意气奔涌、狂放傲岸，他反思后发现自己之所以修道，是想一鸣惊人、一飞冲天。但东岩子已经说明道术只是修道的手段，不是终极目标，痴迷道术是舍本逐末，要想得道，还有更多的修为门径。他还发现自己喜欢明丽的色调，更爱自由自在地浪迹于山水间。于是李白打定主意，即使踏遍千山万水，也一定要寻求到既适用于入世又可出世的道法。也正是从这个时候起，入世和出世的矛盾如种子般扎根在他的心中，纠缠团绕，直至终生。

李白性好仙游，在他巢居之前，已游览了大匡山周边的大小山川。蜀中山水以清峻、雄奇著称，有"天下四绝"之称。在江油东北，有一座雄奇的窦圌山。南北朝以前，因山上猿猴较多、两山形如门，故称"猿门山"。窦圌山顶有三座石峰拔地而起，好似鼎足朝天，北为神斧峰，上建鲁班殿；南为飞仙峰，建有窦真殿；西为问月峰，上有东岳殿。这座殿宇铁瓦盖顶，翘檐欲飞，殿基建在百米悬岩的边缘上，其设计之奇妙、施工之艰险，难以想象。到了唐代，窦圌山上猿猴少了，"仙人"却多了起来。山中最著名的仙迹就是碧云洞。但李白这次上山不为访道，只是游玩。与两个同伴来到碧云洞外的木栏边，李白凭栏远望，但见山下两岸有袅袅垂柳拂碧水，芊芊翠竹舞东风。眼界开阔，风景如画，为了不负这春光山景，李白提议"不有佳作，何以纪胜"。同伴应声附和，各吟诗文两句，凑成一首。虽然是几人联句成诗，但李白还是认真斟酌了一番，吟道："樵夫与耕者，出入画屏中。"他像个摄影师把镜头对准了普通劳动者，将他们变为画中人。

　　游过窦圌山后，李白又去了峨眉山。峨眉山位于都江堰之西、成都西北，史书早有记载，约成书于战国时期的《尚书·禹贡》记曰："蔡蒙旅平，和夷底绩。""蔡"即峨眉山。西汉王褒《益州记》也记载："峨眉山在南安县界，当县南八十里，两山首相对，望之如娥眉。"李白早在史书中了解到峨眉山的神迹，把那里当作人间仙境，向往已久。李白上峨眉是在他下天仓山后、准备进岷山之前，即开元八年（720年）春末。游览中，他写下一首五言古体诗《登峨眉山》：

　　蜀国多仙山，峨眉邈难匹。周流试登览，绝怪安可息？青冥倚天开，彩错疑画出。泠然紫霞赏，果得锦囊术。云间吟琼箫，石上弄宝瑟。平生有微尚，欢笑自此毕。烟容如在颜，尘累忽相失。倘逢骑羊子，携手凌白日。

李白把峨眉山列为蜀地仙山之首，其素以岩壑幽深、群峰险怪、一日阴晴变化、景象万千而著称，因而李白以"绝怪"形容峨眉。李白浓墨重彩渲染了峨眉美景，然后大发感慨：沉浸于丹霞翠霭之间，心与天和，似能参天地之奥妙，赏宇宙之奇观，得到仙家的锦囊之术。想当年，骑羊子就是入此山成仙的。如果有幸遇到他，就能与他携手入仙界了，多么奇特的想象！

但骑羊子的仙迹只是一个传说，李白不可能遇到这位神仙，他甚至连一个有修为的道士都没遇见，倒是结识了年轻的僧人广浚。此人精通音律，尤擅抚琴。李白常在白水池畔听琴，那琴声如远山松涛，又如行云流水，极其赏心悦耳。广浚的琴艺令人叹为观止，但他毕竟不是李白想寻找的仙人。他在峨眉山闲游数月后就下山了。

这年冬天，李白回到他读书的地方。或许是他脑中还存留着对峨眉山的美好记忆，或许是因秋去冬来，霜天雪地，李白眼中的大匡山比往日荒凉了许多。于是，他写下《冬日归旧山》：

未洗染尘缨，归来芳草平。一条藤径绿，万点雪峰晴。地冷叶先尽，谷寒云不行。嫩篁侵舍密，古树倒江横。白犬离村吠，苍苔壁上生。穿厨孤雉过，临屋旧猿鸣。木落禽巢在，篱疏兽路成。拂床苍鼠走，倒箧素鱼惊。洗砚修良策，敲松拟素贞。此时重一去，去合到三清。

李白寻访仙人不得回到大匡山，心情本就急切，见到旧居竟这般萧索、荒凉、破败，情之所至，将自己熟悉的环境换一个角度好生描写一番，吐露出心中的不快。不过，李白并没灰心丧气，在艰苦的环境中他依然满怀希望，"洗砚修良策，敲松拟素贞"，他激励自己要像挺拔的青松，不畏风寒，坚韧不拔，继续追求自己的理想世界。第二年，即开元九年（721年）冬去春来的时候，李白收拾心情，振作精神，重新上路，前往岷山。

李白在去岷山途中经过成都城北，听说刚到任的益州长史苏颋是文学大家，便拦轿拜见。从京师发配到益州之前，苏颋不但长期在中枢担任要职，而且在文学方面名气很大，和时任兵部尚书、燕国公的张说齐名，世称"燕许大手笔"。李白把自己创作的诗文辞赋拿给苏长史指教。李白在《上安州裴长史书》中写道："前礼部尚书苏公出为益州长史，白于路中投刺，待以布衣之礼。因谓群寮曰：'此子天才英丽，下笔不休，虽风力未成，且见专车之骨。若广之以学，可以相如比肩也。'"长史所见诗文中疑有《大猎赋》初稿，只有这篇赋可以与司马相如比肩，诗歌则有《春感》等应景之作。

因寻访道仙的心情迫切，李白并没有进成都城内一游，而是急匆匆赶往青城山，这才有了他几年的巢居生活。在那儿，李白遇到了修道高人东岩子道长，两人相见才发现，原来是他在天仓山的老师赵蕤。在道长的点拨下，李白对道法有了全新认识，暗下决心一定要踏遍名山大川，搞清道法的真正奥义。

在青城山巢居期间，李白终于得闲到大都市成都好好游览一番。开元十年（722年）春夏之交，成都正是阳光明媚、百花盛开的好时节。李白兴致勃勃地登上成都名胜散花楼，凭栏远眺，千里江山尽收眼底。满目春色使李白诗兴大发，吟诵了一首五言古体诗《登锦城散花楼》：

日照锦城头，朝光散花楼。金窗夹绣户，珠箔悬琼钩。飞梯绿云中，极目散我忧。暮雨向三峡，春江绕双流。今来一登望，如上九天游。

此诗以时间为主轴展开描述，从晨光写到暮雨，并且将视线向四周扩散，南眺双流城，向东遥思三峡。全诗写景如画，色调绮丽明艳，形象鲜明，意境飘逸；诗句中抒发了登楼的愉悦，又可见李白极富想象、开阔高远的个性。

李白在成都盘桓数日，还游览了他的偶像司马相如的古琴台。然后，参观了扬雄故居草玄堂。当然，他并不是奔扬雄的《太玄经》而去，只是想见识他修道、著书的草玄堂是什么样子。

李白出游成都后，最大的感受是山外的世界很大，可想而知蜀地之外的天地更是何等广阔。他强压住内心的躁动，继续在青城山巢居。不想，广汉太守的来访又将李白年轻的心搅乱了，他开始着手准备出川事宜。他从青城山下来，转道峨眉，但没有回家，而是从成都南面的平羌江乘船经岷江去渝州。登船后，李白回望峨眉，写下一首七言绝句《峨眉山月歌》：

峨眉山月半轮秋，影入平羌江水流。
夜发清溪向三峡，思君不见下渝州。

这首诗平易直白，却叫人费解：为什么诗题是"月歌"，却只借月点明他去渝州的时节、路线？"思君"中的"君"是谁？短短二十八个字，李白却罗列了五个地名，用意何在？这都是李白留给后世有心人的悬念。

有人说，李白通过山月和江水展现了一幅千里蜀江行旅图，这难免言过其实，平羌江仅二十多公里。但从这首诗可知，李白在深秋的某个弯月之夜，走平羌江经小三峡（平羌江青神至乐山的一段）入岷江，前去渝州（今重庆一带）。还可以推想，李白定是听了朋友的介绍，要出川最好走水路经渝州，再由长江而下。李白首次赴渝，不是游玩，而是拜访一个人，顺便打探出川的路线，谁知他在渝州遭到冷遇。

渝州是古代巴国的所在地，州治在巴县。与繁荣的成都相比，这里只是一座小山城。好在李白此行不为游玩，而是来找一位本姓官员——渝州太守李邕。李邕曾在京城长安为官，非常有才华，精通文史，擅长书法，在京师可算名流。后来因过被贬谪到这偏远之地，心有不平，因此做事和人情往来很爱摆谱。

李白并不了解李邕的品行，也不熟悉士林规矩，他在递送行卷（即拜帖）时，显露出"以傲为礼"的态度。当时，李邕正在书房练习书法，听到仆人通禀，迟疑片刻后放下笔，随家仆来到大堂。李邕瞟了一眼来者，见是一介布衣、一个年轻的书生，个子不高，微胖，但气定神闲，毫无其他布衣的谦卑之态。与此同时，李白也抬眼相望，他目光炯炯，灿若朝阳，令人不敢逼视。李邕不禁一怔，心想：好强的气势。他立刻作出判断，眼前这个书生定是恃才傲物之人。李白不及入座，便滔滔不绝地做起自我介绍，大意是他从小遍览群书、学习剑术，不仅武艺高强，而且文采一流，被当地许多知名学者称为"小司马相如"。如果李邕能向朝廷举荐他，他肯定能辅佐君王、建立不朽之功……李邕意味深长地看着他，耐心听他说完，却没有任何回应。

李白拜谒李邕失败，满腔激情被一瓢冷水无情浇灭，他深切感受到深秋的寒意。既然李太守不置可否，不愿举荐，他也不再强求。但在离开时，李白毫不客气地给李邕留下一首诗，题为《上李邕》：

> 大鹏一日同风起，扶摇直上九万里。
> 假令风歇时下来，犹能簸却沧溟水。

世人见我恒殊调，闻余大言皆冷笑。

宣父犹能畏后生，丈夫未可轻年少。

李白万万没想到像李邕这样的名流竟与后进学子一般见识，李白憋着一口闷气，以大鹏自喻，并抬出圣人识拔后生的故事反唇相讥，作为对李邕轻慢态度的回敬。大鹏鸟是庄子哲学中自由的象征、理想的图腾，李白借写大鹏"扶摇直上"象征自己惊世骇俗的理想和志趣。

尽管心有不平，但李白并未将这次打击放在心上，他过渝州，没有停留，继续东下。与李白家有生意往来的一个朋友此时在奉节石马河畔暂居，所以他乘船直下奉节。李白在朋友的陪伴下，在巫山一带停留了较长时间。第一次领略到长江两岸的大好风光，他的心情大为好转，接连写下几首描绘三峡风光的诗篇。他在《巴女词》中这样形容水势湍急："巴水急如箭，巴船去若飞。"游览巫峡后，又写下《巫山枕障》一诗：

巫山枕障画高丘，白帝城边树色秋。

朝云夜入无行处，巴水横天更不流。

李白在诗中描写的是秋天的夜晚，高高的巫山云雾朦胧，如诗如梦，就像绘在枕屏上的一幅风景画。借"且为朝云，暮为行雨"的仙人典故，写出巫山云雨变幻缥缈，也写出长江之水的浩荡气势，以致让人看不出长江是否在奔流。

李白此行的最大收获是下定出川的决心，并大致了解了出川的路线。他返回家乡"辞亲"时，乘船从嘉陵江至剑阁境内，再从古剑门蜀道经过。他试图寻到一条捷径，但最后失望而归，只得走阴平道。但他并不沮丧，只当是旅游，路途艰难也无所谓，这为他后来创作《行路难》积累了许多素材。到了江油县城（今四川省绵阳市平武县南坝镇），李白临时起意，决定去拜访在县衙做县尉的朋友，临别他写了《题江油尉厅》诗：

> 岚光深院里，傍砌水泠泠。
> 野燕巢官舍，溪云入古厅。
> 日斜孤吏过，帘倦乱峰青。
> 五色神仙尉，焚香读道经。

这是一首真正的"自由诗"，表现出李白无限的人身自由与心灵自由，似有飘飘欲仙之感。近处，在岚光映照的官厅深院里，只有水声泠泠作响。野燕在梁上筑巢，白云悠悠飘过，充满闲静的气氛。抬眼望去，夕阳中数峰青山无语而立，一位官吏款款而来，从容焚香，拜读道家经典。通过环境和人物描写，强调这位县尉志趣高雅，不同于一般俗吏。同时，也表明李白将寻仙求道进行到底的决心。

李白在蜀地生活了二十余年，一直视自己为蜀人，并为此自豪。他读书习剑、寻仙访道、干谒诸侯、游历山川，最大的感受就是"蜀国多仙山"，只怕这一生都无法忘怀这蜀中的名山秀水了。但世界这么大，一个饱读诗书的书生到了这个年岁，该出去闯荡闯荡了。读万卷书，行万里路。之前准备的一切，不就是为了一飞冲天而磨砺羽翅吗？他虽回到家里，但那颗不甘平庸的心早已飞到遥远的蜀地之外……

第三章

侠仙气

意气风发离开蜀地后，李白想象自己如古侠士一般"仗剑走天涯"，他怀有"济苍生、安黎元"的雄伟抱负，只盼得到伯乐赏识，拥有大展宏图的机会。他在金陵等地挥金如土，只为寻得进入仕途之路，怎奈始终不得其门而入，直到遇上安陆许家，他才逐渐向仕途靠近，并开始了第一段婚姻。

已将书剑许明时

开元十二年（724 年）底，李白出川一切就绪。辞亲远行前，他作《别匡山》一诗，向家人和家乡作别。

晓峰如画参差碧，藤影风摇拂槛垂。
野径来多将犬伴，人间归晚带樵随。
看云客倚啼猿树，洗钵僧临失鹤池。
莫怪无心恋清境，已将书剑许明时。

这是李白出川前写的最后一首诗。这首七律描写了匡山雄奇、秀丽、清幽的美景，表达了他对匡山的热爱和对家乡的恋恋不舍，也透露出李白从巢居到入世的矛盾心理。一方面他想探求真正的道法，心中藏有很深的隐逸情结，因此把家乡描绘得极其优美，且环境清幽，适于隐居。另一方面，他身处大唐盛世，男儿志在四方，立志报国，他有一腔宏伟的政治抱负，要将自己的文才武艺奉献给国家。所以"无心恋清境"，"已将书剑许明时"，可见二者相比，其用世之心更强烈。因此，尽管他把匡山描绘得很美，但这首诗并不是一首单纯的写景诗，它是充满"去国怀乡"感慨的抒情诗。去蜀辞乡之际，李白把这种矛盾的情感写得美好而动人。

开元十三年（725年）春，李白穿一身白色长袍，腰上别一把龙泉宝剑，背上行囊，以侠士的姿态踏上了追求梦想、探索未知世界的旅途。因无法计划归期，他准备了数千金当盘缠。他从大匡山出发，在涪江漫坡渡坐船顺流而下（具体情节今无可考）。轻舟沿江东进，渐行渐远，家乡的山峦逐渐隐没难以辨认。李白独立船头，将满江风景纳入眼中，将雄伟天下纳入胸襟。

船过三峡前，李白在渝州认识的一个朋友吴指南匆匆赶来，要求同行。李白很高兴，多个同伴，一路上不再寂寞。疾过长江三峡，蜀水仍跟随着他，推送他的行舟向前，要把他送到陌生的城市去。舟行如飞箭，年轻的李白兴致勃勃，他坐在船上纵情观赏三峡神奇的景致，两岸青山扑面而来，令人目不暇接。三峡江流湍急，不仅惊险万分，还让人平添万分愁绪。尚未迈出川蜀大门，李白就担忧起来。他无法预知飞舟一日千里将带他前往何方，也无法预测这一远游何时才是归期。

船出三峡，再过荆门关（今湖北省宜都市境内），江水渐趋平缓。进入江陵境内，视域顿然开阔，别有一番景色。高山峻岭已不见踪影，眼前是一望无际的低平原野，李白的心情也豁然开朗。初入荆楚，尽管李白豪情满怀，但初次离开家乡，思念还是如丝如缕地牵心挂怀。江流越来越平缓，当江陵城的灯火遥遥在望时，李白莫名激动，挥毫写下《渡荆门送别》：

渡远荆门外，来从楚国游。
山随平野尽，江入大荒流。
月下飞天镜，云生结海楼。

仍怜故乡水，万里送行舟。

"飞天镜""结海楼"仍是以神仙的视角在观赏眼下的奇景。然而，江水流过的蜀地是曾经养育过他的故乡，初次离别故乡，他怎能不无限留恋、依依难舍呢？

李白此次出游，没有明确的目的地，长江两岸当是游览首选。他在春秋战国时期楚国都城、唐代山南道第一大州州府江陵（今属湖北省荆州市）登岸，以古城为中心，到附近城乡间饱览湖泽平原的秀美景色。江陵处于东西南北交汇位置，商贩来往频繁，百姓或勤奋劳作，或从事商贸，过着安居乐业的生活，整个江陵呈现出一派繁华都会的景象。这一带有深厚的楚文化底蕴，李白在纪南城观赏历史遗迹，还学到不少民歌民谣，他仿作了一首"柏梁体"《荆州歌》：

白帝城边足风波，
瞿塘五月谁敢过？
荆州麦熟茧成蛾，
缫丝忆君头绪多，
拔谷飞鸣奈妾何！

在荆州纪南城郊，临近晌午的时候，布谷鸟依然在来回飞鸣，不住地啼唤。广宇深邃、碧绿、湛蓝，朵朵白云飘浮在蓝色的天幕上，如画如诗。田野里，麦子已经成熟，农人们愉快地收割。这是收获的季节，是农人们一年的希望所在。可是游子在三峡被洪水阻隔，有家不能归；思妇在家，眼看麦成熟，蚕成茧，望眼欲穿却不见夫归。"诗仙"的这幅凄美农收图，多了些乡土的魅力，也表明他在认真体味世俗风尚的乐趣。

有一天，他又去纪南乡间采风，意外遇见了道友元丹丘，于是两人结伴同游，并共同探讨如何将才学为世人所用。恰逢"开元之治"，大唐生气勃勃，玄宗皇帝李隆基求贤若渴、昭示天下。元丹丘同李白一样才华横溢，意气风发，两个修道之人都有入世之念，只是苦于没有跻身仕途官场的途径。

不久，元丹丘打听到一个好消息：天台高道司马承祯就在江陵。司马承祯家世显赫，其家族曾是西晋皇族，数代为官。与家族中其他热衷仕宦的人相比，司马承祯可谓异类。他无意为官，十多岁就在嵩山拜潘师正为师，潜心修道，不仅成为道术高超的一代宗师，还是远近闻名的书法大家，时人称他的书法为"金剪刀书"。另外，他在诗赋、音乐诸方面也有很深的造诣。李白了解到，早在武则天执掌朝政时，他就曾多次接到召他入朝为官的诏书，但都被他谢绝了。开元九年（721年），玄宗皇帝又派使者迎请司马承祯入京都，留于内殿，亲受法箓。翌年，司马承祯坚请回天台山。玄宗皇帝作《王屋山送道士司马承祯还天台》一诗，并亲自为他饯行。司马承祯回天台山后仍在玉霄峰隐居修行，玄宗皇帝为他修造了阳台观，并让胞妹玉真公主随其学道。司马承祯这次来江陵，元丹丘准备把李白引荐给这位高道。为了不失去这一大好机会，李白连夜赶写一篇《大鹏赋并序》呈给司马承祯指点。他在赋中写道："伟哉鹏乎！若此之乐也。吾右翼掩乎西极，左翼蔽乎东荒，跨蹑地络，周旋天网。以恍惚为巢，以虚无为场。我呼尔游，尔呼我翔！"他以"大鹏"自比，以"稀有鸟"比喻司马承祯，抒发了自己学道求仙、成就大业的远大志向。

司马承祯初见李白，见他器宇轩昂，资质不凡，已有几分欣赏，至看了他的文采斐然的诗文，更是惊叹不已，称赞他"有仙风道骨，可与神游八极之表"。此时的李白遇到如此高人，一心想着求教精妙道义，早将拜谒权贵、请求举荐入仕的事情抛到九霄云外，因此开口便希望向宗师请教老庄之学。李白和司马承祯心意相通，两人交谈很畅快。从此，两人成了忘年交。不过，司马承祯并没有马上向朝廷推荐李白。得到司马承祯的夸赞后，李白急于进身仕途的心情反而不那么迫切了，也许正是此次机缘巧合，让他的一生都徘徊在入仕与修道之间。他常常感叹自己理想的生活是"出则以平交王侯，遁则以俯视巢许"[1]，却没有预想到会在这种矛盾的情绪中不知不觉将青春蹉跎掉。

是年夏天，李白南下游览洞庭、湘江。好友吴指南与他同行，他们溯湘水而上，一路游历到虞舜安葬的苍梧（九嶷山主峰）方才折返。他后来在诗文中写到"南穷苍梧"，即指此次出游。九嶷山的巍峨风姿和奇绝风光与他在《淮南子》《庄子》里读到的神话故事暗暗相合。那一块块奇绝险怪的山石，那山林深处的潺潺流水，那天边浮动的五彩流云，一幅幅图画全部镌刻他的心底。

返回岳阳后，他们在八百里洞庭湖尽情畅游。湘、沅、澧、资四水汇合于此，形成方圆八百余里的洞庭，最后注入长江。岳州（今湖南省岳阳市）之东横亘着罗霄山脉，延伸至鄂州，长江在岳州折向东北方向流去。南之衡山与罗霄山脉之间，湘水由遥远的南方滚滚流来，沿途汇集众多支流，以排山倒海之势注入洞庭。在衡山与雪山之间又有资水，也为洞庭增添了一股气势。洞庭湖水域开阔，水面上云蒸霞蔚，湖中鱼儿不时跃起，白鹭争相扑向水中……好一派人间仙境的图景。非常不幸的是，吴指南在游湖时中暑，一病不起。李白一直忙于照料他，不愿独自离去。数日后，吴指南亡故，李白悲恸不已。安葬前一日，他在朋友的尸体边守候哭泣，眼中的泪水流干了，布满血丝。因孤身一人在野外，竟招来一群土狼（一说老虎），李白拔剑端坐，一动不动。慑于他的胆气和决心，土狼纷纷逃走。李白一宿不眠，因种种担心，只得将朋友的尸身暂时葬在洞庭湖边，并许诺等漫游回转后，再将他重新好好安葬。

---

[1] 出自李白作《冬夜于随州紫阳先生餐霞楼送烟子元演隐仙城山序》。

下江南东涉溟海

这年夏天即将结束的时候，李白怀着悲伤的心情只身前往江夏。朋友的故去带给李白关于生命的诸多沉思，他一生都在为"出则以平交王侯，遁则以俯视巢许"的两大目标不懈努力，同时又常叹息人生苦短，喊出"人生得意须尽欢，莫使金樽空对月"的心声。

因心情不佳，李白在江夏稍作停留后便直下金陵。路过九江时，他眺望庐山，只见庐山凝结了江湖之气，云海弥漫；峭壁之上，飞瀑直下。李白叹为观止，写下五言古诗《望庐山瀑布》：

西登香炉峰，南见瀑布水。挂流三百丈，喷壑数十里。欻如飞电来，隐若白虹起。初惊河汉落，半洒云天里。仰观势转雄，壮哉造化功。海风吹不断，江月照还空。空中乱潈射，左右洗青壁。飞珠散轻霞，流沫沸穹石。而我乐名山，对之心益闲。无论漱琼液，还得洗尘颜。且谐宿所好，永愿辞人间。

虽然诗中的景物有虚有实，但不失为一幅生动绝妙的图画。李白恨不得马上就隐居此山中，只因自己的抱负有待实现，不得不留下遗憾，依依难舍地离去。李白失去密友的悲痛心情在山水景色中得到舒缓，入皖境至芜湖附近，他伫立船头，望着无边无际的江水，不知小舟会飘向何处。这时，一轮红日在遥远的天际喷薄而出，万丈光芒普洒四周，万物都变了颜色。江面收紧变窄，两岸的青山犹如两扇刚刚开启的大门，江水涌入大门飞奔而过。李白又一次远眺，他突发奇想，写下《望天门山》一诗：

> 天门中断楚江开，碧水东流至此回。
>
> 两岸青山相对出，孤帆一片日边来。

此诗以江水浩荡奔流的气势反衬出天门山巍峨险峻的雄姿，结尾更是神来之笔。一轮红日映在碧水、青山、白帆之上，整个画面明丽光艳，层次分明，多么雄伟壮丽的画卷啊！显然，李白开始从悲痛中走出来，这里成为他心情的一个拐点。

舟行数日后入秋，李白终于到达他神往已久前朝都城金陵（今江苏省南京市）。还没来得及游玩，李白就一口气写了《金陵三首》诗咏。

其一

晋家南渡日，此地旧长安。

地即帝王宅，山为龙虎盘。

金陵空壮观，天堑净波澜。

醉客回桡去，吴歌且自欢。

其二

地拥金陵势，城回江水流。
当时百万户，夹道起朱楼。
亡国生春草，离宫没古丘。
空余后湖月，波上对瀛州。

其三

六代兴亡国，三杯为尔歌。
苑方秦地少，山似洛阳多。
古殿吴花草，深宫晋绮罗。
并随人事灭，东逝与沧波。

　　李白大赞金陵虎踞龙盘，有王者气象，朱门如林，市井繁华，酒肆喧嚣，歌舞升平。他为何着急要到金陵来呢？不只为了一睹故都神奇风采，更是为了干谒朱门。显然，这三首诗并不全是溢美之词，皆隐含怀古慨今、忧伤时事之意，弦外之音绕梁不绝。

　　在金陵，李白广交朋友，几乎日日买醉，但他写了若干首于喧闹中寻求心灵宁静的诗作。比较有代表性的如《金陵城西月楼下吟》：

金陵夜寂凉风发，独上高楼望吴越。
白云映水摇空城，白露垂珠滴秋月。
月下沉吟久不归，古来相接眼中稀。
解道澄江净如练，令人长忆谢玄晖。

　　此诗描绘了初秋月夜的空寂情景，从中可以看出，友人的离去依然令李白心内隐隐作痛，他在"月下沉吟久不归"，透露出"独上高楼"时孤寂、抑郁、怅惘的心情。秋月皎洁如洗，给人一种冷清清、惨戚戚的感觉。与皎月对比，人世间显得十分混浊，人一生遇到知音不易，"古来圣贤皆寂寞"。正是这些深刻感受令他在秋夜"沉吟""长忆"。

望秋月、忆故友，是特定情境下李白的有感而发。身处金陵，他的身心全然放松，诗歌的触角也从所见所闻拓展到民间歌谣。如《杨叛儿》一诗当是借用当地的民谣所作，多半不是李白见到的实景。

君歌杨叛儿，妾劝新丰酒。

何许最关人？乌啼白门柳。

乌啼隐杨花，君醉留妾家。

博山炉中沉香火，双烟一气凌紫霞。

这首诗的形象丰满，生活气息浓厚，情感浪漫炽烈，风格清新活泼。金陵素被称为"六朝金粉地"，秦淮垂柳摇曳多姿的倩影一直在历史的长河之岸上鲜活呈现，茜纱窗下，依本多情。李白在《杨叛儿》中更多体现的是男女感情融洽的生活场景，他真正歌颂爱情的诗作是《长干行二首·其一》。长干里在秦淮河南岸至石子岗一带，是金陵城中烟花场所最集中的地方。李白从不同阶段的心理状态展开，以商妇自白的口吻，用缠绵婉转的笔调，抒写了她对丈夫真挚的爱和深深的思念。全诗形象完整明丽，活泼动人，感情细腻，没有一点愁绪流露。

妾发初覆额，折花门前剧。郎骑竹马来，绕床弄青梅。同居长干里，两小无嫌猜。十四为君妇，羞颜未尝开。低头向暗壁，千唤不一回。十五始展眉，愿同尘与灰。常存抱柱信，岂上望夫台。十六君远行，瞿塘滟滪堆。五月不可触，猿声天上哀。门前迟行迹，一一生绿苔。苔深不能扫，落叶秋风早。八月胡蝶来，双飞西园草。感此伤妾心，坐愁红颜老。早晚下三巴，预将书报家。相迎不道远，直至长风沙。

李白在金陵过得惬意舒适，金陵深厚的历史底蕴和人文滋养令李白受益良多，他还在这里结交了众多好友。开元十四年（726 年）春，在离开金陵前，李白写了一首《金陵酒肆留别》，向为他送行的朋友告别，诗中表现的心情沉重而复杂：

风吹柳花满店香，吴姬压酒劝客尝。
金陵子弟来相送，欲行不行各尽觞。
请君试问东流水，别意与之谁短长？

可见，为李白送行的多是酒肉朋友，地点也是有陪酒女的柳巷。走也罢留也罢，都各自干了杯中酒。场面虽然热闹，但真正的情谊有多少呢？只需问问东流的江水就知道了。

有人说，此诗虽短，却情意深长。这里似乎有些误解。李白在金陵听说玄宗皇帝准备到泰山封禅，他想亲历这一盛典，所以花重金托人找门路。同时，整理好自己的行卷，将自认为最好的作品《大猎赋》反复修改，放在行卷的最上面，希望通过达官贵人之手转呈玄宗皇帝御览。他拜谒过多位官场中人，不是吃闭门羹，就是遭遇嘲讽，因"十谒朱门九不开"而不得已出此下策，与一帮金陵富家子弟结交。在此种情况下，李白又怎能与这些官家子弟有比江水还长的情意呢？

告别金陵后，李白渡江前往广陵（今属江苏省扬州市）。他伫立船头，任江风吹拂他的衣裾。月明星朗，大江茫茫一片，潮水汹涌而来，把江面上的灯火打碎。李白俯仰之间，诗句便脱口而出：

> 船下广陵去，月明征虏亭。
> 山花如绣颊，江火似流萤。

这首五言绝句《夜下征虏亭》描述的是李白从金陵征虏亭到广陵途中所见到的月下夜景。岸上山花绰约，像女子涂了胭脂的脸颊；江上点点江火迷离奇幻，有如流萤。短短二十字将景物写得逼真明快，近乎速写。假如没有急事，李白为何要冒险夜渡长江呢？当是借写夜景——船、亭、山花、江火等诸多景物在月光笼罩下独特的朦胧美——来表达他在黑暗中寻找光明的情感。

次日，李白在江北广陵登岸。广陵，因隋炀帝的奢靡，而成为一个繁华都市，唐朝时几乎与金陵齐名。李白从没有看过如此热闹的城市，但他无心游览，而是接二连三地干谒朱门。为了能目睹封禅大典，李白想尽一切办法，他甚至觉得即使不能身临现场，至少也要让皇上看到自己的行卷。

李白拜访了江都孟少府①。据说，孟少府是"亚圣"孟子的后代，与襄城的孟浩然同宗，且有交集。有才学，爱读诗。孟荣对李白的大名和才情已有耳闻，今日一见李白，顿感他风姿不凡，神色灵动欲仙，说话坦诚直率，愿与他结为朋友。但李白硬要尊孟少府为前辈，因为他浸淫官场多年。他与李白谈道论剑、针砭时弊、吟诗作赋，好不快哉，却因自己阶位低而无力引荐他入仕。

尔后，李白北上楚州。这次运气不错，安宜县（今扬州市宝应县）徐县令热情接待了他。他们一起话农桑，谈得很投机。徐县令

---

① 名叫孟荣，待考。

是远近少有的好官，李白也极少能享受到这样诚挚的接待，他满怀感激及期待写下《赠徐安宜》一诗：

> 白田见楚老，歌咏徐安宜。制锦不择地，操刀良在兹。清风动百里，惠化闻京师。浮人若云归，耕种满郊岐。川光净麦陇，日色明桑枝。讼息但长啸，宾来或解颐。青橙拂户牖，白水流园池。游子滞安邑，怀恩未忍辞。翳君树桃李，岁晚托深期。

李白在诗中以感恩之心称赞了徐县令的政绩，最后说出请求推荐之意。但徐县令只是一个小小县令，能力有限，李白的希望注定无法实现。

李白在广陵拜谒了多位官员，但与在金陵一样，处处碰壁。于是他暂且将此事放下，与结交的朋友四处游玩。他们"系马垂杨下，衔杯大道间。天边看绿水，海上见青山"①，似乎十分惬意。

游玩归来、返回扬州时，李白见到一群身着华服的少年游侠骑着高头大马在街上横冲直闯，过往百姓避之不及。这些人行为粗野、言语粗鄙，虽缺少修养却被州县长官待为座上宾。原来，玄宗皇帝在为西北边境开战作准备，这些游侠都是受招募的勇士，他们即将奔赴边疆。

李白了解情况后心动了，他想加入他们的行列。以他剑侠的本领，自然能立大功，凯旋后就可步入仕途，甚至能着紫袍玉带面圣，而不用像现在这样四处"求神拜佛"了。但转念一想，自己只是个不明身份的过客，一介无籍布衣怎么可能被征为戍边的勇士呢？到头来还不是要找人引荐？

---

① 出自李白《广陵赠别》。

春去夏来，李白一个愿望也未能实现。期间他吟诗作赋，焦躁不快的情绪也在不知不觉地渗出字里行间。这一天，李白独自骑马出了城。城外阳光灿烂，空气清新，鸟儿在树上觅食，紫红的桑椹在微风中晶莹摇摆，让人心旷神怡。他见此情景又联想到自己在蜀中度过的童年时光，心生感慨，写下这首《白田马上闻莺》：

> 黄鹂啄紫葚，五月鸣桑枝。
> 我行不记日，误作阳春时。
> 蚕老客未归，白田已缫丝。
> 驱马又前去，扪心空自悲。

此诗写的是广陵郊外的实景，李白借景抒情。时值初夏，桑葚已熟，黄鹂在桑枝上鸣叫；农人养的蚕已老，这地方已开始缫丝。李白误以为此时还是阳春时节，没想到已入初夏。想到自己干谒至今没有进展、报国无门的处境，心中不禁悲伤起来。在金陵、广陵连遇挫折的经历，让李白内心疲倦：既然正事办得不顺利，索性放下这些念想，痛痛快快游玩一番。于是，李白以扬州为中心，往东南游苏州、杭州、越州、台州，再东涉溟海（今浙江省台州至温州一带）。

他和几个朋友在江北瓜州登舟，渡江至镇江京口转江南运河，绕太湖以东最后转至吴中苏州。在运河沟通的诸段水流中，唯有这一段交织着千枝万蔓的水网，而这里与运河濒临的湖光山色也最令人神往。但令人不解的是李白的作品中竟没有表现这一段行程的诗歌，不禁让人怀疑他是否走了这条路。等到游览了战国遗迹姑苏台后，他才写下《苏台览古》：

旧苑荒台杨柳新，菱歌清唱不胜春。

只今惟有西江月，曾照吴王宫里人。

曾经的歌台、舞榭、园林、宫殿，如今都早已荒废，只有杨柳依旧萌生新芽，还有那湖中的采菱女在清唱青春的歌谣。李白并非写实景，而是景由情生，通过今昔对比，暗指物是人非、人心不古。历史总是给人启迪和警醒，通过苏台怀古，李白含蓄地表达了盼望遇到明君和贤能识才之人的愿望。

写出如此伤感的怀古诗后，李白仍未释怀，接着又写了一首咏史诗《乌栖曲》：

姑苏台上乌栖时，吴王宫里醉西施。吴歌楚舞欢未毕，青山欲衔半边日。银箭金壶漏水多，起看秋月坠江波。东方渐高奈乐何！

这里李白采用乐府旧体，比律诗的表现形式更灵活自由，且别出新意。姑苏的历史遗迹固然引起李白的怀古之情，但遥想当年醉西施、舞吴姬的花月容颜、杨柳柔姿，更让李白赞美不已。吴王彻夜欢歌，好像时间都停在了那一刻，如不是月落日升，竟不知时间流逝。往事越千年，光阴永逝不回，怀念过去只能让人徒增愁绪。

离开姑苏台后，李白继续沿南运河下余杭。一路河汉纵横、溪水淙淙，临近杭城只见天目山遥遥在望，眼前的山、水、景无不令人陶醉。李白的思绪飞向了遥远的时代。这一带到处都有大禹留下的足迹，他建立的功业彪炳千古。联想到自己诗书满腹，但至今一事无成，李白内心悲怆不已。

杭州虽不及金陵繁华，不如广陵热闹，却是风韵独具。只是李白心事重重，无法将目光锁定在这秀美的风景上，他甚至忽略了用丹桂酿造的美酒，而多次忆起名相谢安、右将军王羲之，以至于直接描绘和歌颂杭州山水的诗句难得一见。那时人们还不曾称赞余杭为"人间天堂"，而多留意杭城之南的越国故都会稽和剡中（今浙江省绍兴市嵊州市）。

途经曹娥江，李白祭拜过曹娥庙、饮过当年为越国战士壮行的绍兴酒后，便到了越国故地诸暨。既已为失败者吴王作诗，那么最后的胜利者越王当然更值得一写。李白在越州会稽再作一首七言绝句《越中览古》：

越王勾践破吴归，义士还家尽锦衣。
宫女如花满春殿，只今惟有鹧鸪飞。

李白没有从吴越争战的漫长过程选择某一片断，而是选取了越王打败吴国、班师回国后的两个短小镜头。胜利者的所有荣耀都聚焦于此。结合前面几首怀古诗，不难看出李白既没有对"成王"予以讴歌，也没有对"败寇"加以谴责，他认为，他们在历史长河中的归宿是一样的。吴王享乐丢了江山，先甜后苦；越王卧薪尝胆，得了天下，先苦后甜。千百年后，没有人能见到当年凯旋后欢庆喜悦的情景，只有鹧鸪从曾经的春殿上空鸣叫着飞过。

随后，李白向剡中进发，途经西施故乡。在苎萝山下昔日西施浣纱的地方，李白见到许多吴越女子，此地灵秀的山水孕育了她们的清纯和美貌。李白在溪边徘徊良久，对照古今，写了一组《越女词》，共五首。吴越给他留下的深刻印象是那些耶溪采莲女和碧如明月的镜湖水。他赞道：

镜湖水如月，耶溪女似雪。

新妆荡新波，光景两奇绝。①

他的一首《采莲曲》更是将吴越采莲女的形象刻画得清纯娇艳、活泼大方，可谓"清水出芙蓉，天然去雕饰"。看到岸上有三三五五的年轻公子经过，采莲女羞红了脸，却又情不自禁想看他们的俊逸风采。怎奈马儿嘶鸣，惊花，花落。诗人见此情景不由自主想到自己怀才不遇、壮志难伸，愁思又上心头。李白用细腻温婉的笔触写采莲女和自己的苦恼，引人遐思。

若耶溪旁采莲女，笑隔荷花共人语。日照新妆水底明，风飘香袂空中举。岸上谁家游冶郎，三三五五映垂杨。紫骝嘶入落花去，见此踟蹰空断肠。

李白这次南下苏杭主要游览了吴、越古国遗迹，最后去台州寻道。他所言"东涉溟海"并没有明确的史书记载，大概是指游历台州、温州一带那些荒僻的海滨小城。他返回广陵的路线也未可知，有人设想是沿瓯江上溯到括州城，再沿恶溪到达缙云县，经金华江到达富春江，返回杭州，再原路回至广陵。

李白第一次下江南，心情始终蒙着忧伤。他一直在思考有关道法、官场、人生境界等重大问题，无论是观景还是怀古，诗中都蕴含哲思，似乎在阐明人与事物都不可能万世不灭。过去他一直在寻找掌握了飞升之术的高道，希望练就飞升术，使自己成仙长生不老，现今他的信心动摇了：仙人未必有，官场不得入。他感到彷徨迷茫，几乎每首诗都藏着难以掩饰的阵阵悲叹和淡淡愁思。

---

① 此为《越女词》其五。

人生贵相知

李白出游金陵、广陵期间，"不逾一年，散金三十余万"，以致眼下生活变得穷困潦倒。他既对自己进身仕途、建功立业感到希望渺茫，又深深地思念遥远的家乡。夜深人静时分，他独自感怀，写下五言古诗《静夜思》：

床前看月光，疑是地上霜。
举头望山月，低头思故乡。

迷离恍惚中的李白在一"举"一"低"之间便将他浓浓的思乡情感表露无遗。从凝望到沉思，细致而深曲，足显自然、"无意于工而无不工"的妙境。

在江南游历三月余，李白返回广陵后不久就病倒了。卧病他乡，又时值深秋，思绪尤多，以前结交的那些酒肉朋友也不见了踪影。人在病中时，思虑尤其多，李白终于懂得结交良友的重要性。眼下的遭遇让他感慨不已，才思汹涌，他连写了三首《赠友人》诗。在第二首中，他这样写道：

> 袖中赵匕首，买自徐夫人。玉匣闭霜雪，经燕复历秦。其事竟不捷，沦落归沙尘。持此愿投赠，与君同急难。荆卿一去后，壮士多摧残。长号易水上，为我扬波澜。凿井当及泉，张帆当济川。廉夫唯重义，骏马不劳鞭。人生贵相知，何必金与钱？

朋友间如果需要同急共难，再好的宝贝也可以奉献出来，再大的困难也敢迎面而上，哪怕是一去不复返也无所畏惧。这样的朋友才是情深义重，他们相知相携，从不与金钱扯上关系。李白用许多典故阐发道理，表达他的择友观点和标准，也是对之前交友良莠不齐的反省。好在李白身边还有一位真诚的朋友，他就是孟少府。得知李白生病，他经常前来探视照料。经孟少府的悉心照顾，李白的病渐渐痊愈。

李白视孟少府为长辈，在诗文和他们的往来书信中从未提及他的名字，可见对他十分敬重。同时，李白又把他当作可以交心的朋友，向他诉苦：

> 吴会一浮云，飘如远行客。功业莫从就，岁光屡奔迫。良图俄弃捐，衰疾乃绵剧。古琴藏虚匣，长剑挂空壁。楚冠怀钟仪，越吟比庄舄。国门遥天外，乡路远山隔。朝忆相如台，夜梦子云宅。旅情初结缉，秋气方寂历。风入松下清，露出草间白。故人不可见，幽梦谁与适。寄书西飞鸿，赠尔慰离析。

这是李白在病中写给老师赵蕤的诗作《淮南卧病书怀寄蜀中赵征君蕤》，他拿出来给孟少府一读。病还未痊愈，他又开始为自己的前途担忧起来，感觉自己像吴会之地的一片浮云漂泊无依。但他不甘心就此放弃梦想，在他的认知中，自己可比"古琴""长剑"，尽管如今被迫"藏虚匣""挂空壁",但他相信有朝一日自己定能成就一番功业。他借着让孟少府读诗的机会,毫不掩饰地表达了对孟少府的仰慕之情,希望这位官场前辈能助自己一臂之力。孟少府心知肚明却又暗暗叫苦:老弟不是不知道,愚兄已在官场摸爬滚打二十余年尚未混出个名堂,实在有愧做你的前辈,不是我不愿帮你,实在是无能为力啊。但再看李白因怀才不遇而整日愁眉不展,孟少府心有不忍,既然是知音、朋友,即使是微薄之力也要为他努力争取一把。他思考片刻后,答应再帮李白想办法。

虽然孟少府在仕途上不顺畅,但他在官场中为人忠厚坦诚,倒也结交了不少好友。他与安州(郧州)都督马正会交往甚厚,因此建议李白去湖北安陆投靠马公以求引荐。他对李白说,马公是个惜才之人,以李贤弟的才学,别说只是找个州级官员推荐,就是直接在州衙内安排个一官半职也不过分。李白听后,精神大振。他再三拜谢孟少府,然后立马打点行装,向湖北安陆进发。

开元十五年(727年)初,李白从广陵折返,沿长江西上,直奔云梦泽而去。有人包括李白本人把云梦县与云梦大泽混为一谈。云梦泽是先秦时代的概念,仅从地理上讲,长江中游荆江段(湖北枝城至湖南城陵矶)北面汉江下游流域被称为"云"(梦),长江南面至洞庭湖南被称为"泽"。每年雨季,南北的湖泊群便连成一片,形成云梦大泽。后来随着水位不断下降,云梦大泽的范围大大减少,到了唐代,安陆、云梦县与云梦泽已经基本不沾边了。李白乘舟逆流而上,到达江夏后,就要登岸走陆路或转行汉江,可李白以为还要往岳州方向继续行进,在朋友提醒后,方才上了岸。

李白抵达安州时,早已当尽一身长物,他两手空空,一贫如洗。当时的安州辖有安陆、云梦、应城、广水、孝感等县,作为安州都督,马公的权势一定不小。李白寄厚望于都督马公,可眼下的窘况使他不敢贸然拜谒。他知道已在诗坛名声大噪的孟浩然好节义、喜交友，于是他先去拜访这位隐居在襄城东南鹿门山中的隐士，以文会友。他一边走一边想象这位田园诗人到底是个什么模样，为何能将山水之景描绘得如梦似幻，让人如痴如醉，期冀与志忑在李白的心间不断来往。见到孟浩然后，李白的所有顾虑都打消了，他们一见如故。孟浩然读了李白的诗后，大加赞赏。他热情款待李白，并留他在山中住了十多天。期间他们饮酒谈诗、长歌啸吟，可谓无话不说。对于孟浩然的政治见解和人生态度，李白钦佩之至，他特意作了一首《赠孟浩然》：

> 吾爱孟夫子，风流天下闻。
> 红颜弃轩冕，白首卧松云。
> 醉月频中圣，迷花不事君。
> 高山安可仰，徒此揖清芬。

　　谁敢相信这首饱含敬慕之情的诗出于狂傲不羁的"诗仙"之手？他在诗中对孟浩然大加称颂，说他风流倜傥、天下闻名；不爱官冕，摒弃尘杂，归隐山林；对月饮酒，非凡高雅；迷恋花草，胸怀豁达；淡泊名利，不事君王。李白甚至认为孟浩然的品格似高山，自己只能仰望。这首五律写尽李白对孟浩然的肺腑之言，更表现出他对孟浩然的欣赏。二人成为莫逆之交。

　　尽管李白在孟浩然的田园中停留数日，但他并没有游玩的闲情。孟浩然得知他的心事后，也不多做挽留，而主动陪同李白前往拜谒安州都督马正会。这位都督对李白颇有几分好感，"一见尽礼，许为奇才"。他表示一有机会便推荐李白，言外之意是看运气，衙门一旦出缺，尽先补用，让李白耐心等待机会到来。眼看事情无法马上敲定，李白心急如焚。他不只为前程担忧，还为眼下的温饱问题操心。孟浩然竭力在生活上给予资助，并将自己认识的一些人如蔡十、廖侯等一一介绍给李白。可就在这时，京师的张说来信让孟浩然马上进京一趟，信中未说所为何事。孟浩然走后，李白的日子更加艰难起来。

正处人生的低谷时，安陆一家姓许的大户人家看中了李白，欲招他为婿，但是他一点也高兴不起来。因为招婿入赘，就是做"倒插门女婿"，对男子来说，并不是件光彩的事。一般只有兄弟多又娶不起媳妇的人家才考虑入赘。而李白堂堂七尺男儿，才貌双全，风流倜傥，又出身富有人家，怎能心甘情愿做"倒插门女婿"呢？李白犹豫了：一方面，考虑到自己潦倒落魄的处境，入赘许家可以解燃眉之急，且马都督及众朋友也在一旁劝说；另一方面，许家的这位许芝员外来头不小，许芝的父亲是曾做过宰相的许圉师，许圉师的父亲许邵又是大唐开国皇帝李渊的同窗，许邵曾被封为安陆郡公，在安陆，许家一直门庭显赫，李白若要走干谒之路以求晋升，攀上许家这门"高枝"无疑是雪中送炭。李白考虑再三，纵然无奈，最终还是答应了。

就这样，李白娶了许圉师的孙女许氏为妻，在安州治所安陆城落根了。不过，他婚后在城内没有住多久，便移居到小寿山（今湖北省广水市寿山）之麓。李白就这样结束了自己出蜀后的第一次游历生涯，过上了安稳而平淡的生活。

冬至节的一场大雪把小寿山装扮得晶莹透亮。崖顶、沟整银装素裹，檐前、枝头挂满了晶莹的冰柱。月亮从东方缓缓升起，李白对着月亮陷入沉思。再过不久就是春节了，他还有一件很重要的事情没做，那就是兑现自己对朋友吴指南的承诺，重新将他安葬。李白每想到故友客死异乡、魂魄无主，就肝肠寸断、悲不自胜。因此尽管夫妻刚刚结婚，李白还是匆匆赶往岳州。李白到达岳州时，岳州也下了一场雪，飞舞着的雪花如同离人的愁绪纷纷扬扬。很快大地变成一片白色的世界，洞庭湖上的君山像一只巨大的白鼋在远处载沉载浮。李白不顾寒冷挖取吴指南的遗骸。朋友的尸身尚未完全腐烂，他含着泪，用刀子将尸骨在湖水中刮洗干净，然后放进一个大口袋。随后他背着口袋走到鄂城，准备安葬。风光大葬的费用远远超出了他的预算，许家虽然富庶，但李白不愿放低身价找许家多要钱财，最后只得将故友的尸骸葬在东城城墙下，了却这桩心事。李白在《上安州裴长史书》中提到此事时，用"丐贷营葬"四字表现自己重葬故友的艰难，可看出他对吴指南的深厚情谊。

春节过后不久，孟浩然从京师返回襄城。他这次进京依然不顺利，不仅没有讨到满意的官职，还意外得罪了玄宗皇帝，差点让朋友受到牵连。张说并不在意，仍推举他去洛阳做县丞，但被他婉言谢绝。恰在此时，孟浩然接到诗友山阴少府崔国辅的邀请，将往剡中游览。临行前，他邀几位好友一起取道安陆前往寿山看望李白。此时李白的境况丝毫未见好转，他听闻孟浩然在京师的遭遇后，入仕的信心再次受到打击，也对这位好友更加同情。

孟浩然要去剡中了，此一去不知何日才能重聚，李白与其他朋友的心里是多么依依不舍啊。他们一起来到江夏，在黄鹤楼边设宴，把酒相送。众人看着孟浩然登上小舟，小舟顺流向东迅疾驶去，直至风帆在远处越来越小，最后只剩下一点，终于消失在碧空尽头。李白满怀深情，吟咏一首《黄鹤楼送孟浩然之广陵》：

故人西辞黄鹤楼，烟花三月下扬州。
孤帆远影碧空尽，唯见长江天际流。

诗作以斑斓绚丽的烟花春色和浩瀚无边的长江为背景，极尽渲染之能事，看似是描绘了一幅意境开阔、色彩明快的图景，实际上，从"孤帆""唯见"到"碧空尽"已经写尽这次惜别的无限深情，情丝屡屡不绝。

不可以弹长剑乎

李白定居安陆后，整日所做之事无非观云梦、寓寿山，北游汝海、襄州，并以此为中心寻求发展。然而这个时期的李白仍将事业的发展方向定位于仙道和仕途，他难以取舍。没有任何迹象表明已近而立之年的他在这两个方面中哪一面更有起色。

李白满以为入赘许家能尽快得到一些助力，立马就跻身名贵、仕途得意。可是，他对世俗之事的了解太少，更不具备应对自如的技能。令他想不到的是，最忌恨他的人竟是许家的妻舅。这位妻舅担心李白瓜分许家家产，把他当作"眼中钉、肉中刺"，时刻不忘挤兑和讽刺李白。李白自觉受辱，决定敬而远之，于是和夫人搬去了离县城约六十里的小寿山许家别院，过上耕读隐居的生活。

远在广陵、一直关注李白的孟少府听说李白的近况后，很为他虚掷青春、浪费才华感到惋惜，想劝诫李白一番。一天，李白收到一封以移文，即以平级官衙往来公文的方式写的书信，责问小寿山（实指李白）是不是只图安逸、不思进取，甚至沉沦了？面对知心朋友"指桑骂槐"的劝诫，李白羞愧难当，无言以对，便回复一篇

《代寿山答孟少府移文书》，他以小寿山自喻作答。他在这封回信中写道："淮南小寿山谨使东峰金衣双鹤，衔飞云锦书于维扬孟公足下曰：'仆包大块之气，生洪荒之间，连翼轸之分野，控荆衡之远势。盘薄万古，邈然星河，凭天霓以结峰，倚斗极而横嶂。颇能攒吸霞雨，隐居灵仙，产隋侯之明珠，蓄卞氏之光宝，罄宇宙之美，殚造化之奇。方与昆仑抗行，阆风接境，何人间巫、庐、台、霍之足陈耶？'"

　　既然孟少府的移文是写给小寿山的，李白也以小寿山的语气给孟少府回文，而回文的信使竟是"金衣双鹤"，衔去的则是"飞云锦书"，可见小寿山气宇不凡。回文一开篇，李白借小寿山之口把自己狠狠地赞美了一番，认为小寿山钟灵毓秀、物产丰饶，巫山、庐山等名山都无法和自己相比。李白还在回文结尾说："乃相与卷其丹书，匣其瑶瑟，申管晏之谈，谋帝王之术。奋其智能，愿为辅弼，使寰区大定，海县清一。事君之道成，荣亲之义毕，然后与陶朱、留侯，浮五湖，戏沧洲，不足为难矣。"其志向不谓不高，决心不谓不大。这也是一封向世人的昭示书。

　　自从好友给他提意见后，他基本放弃了以任侠求仕进的旧思路，开始了"历抵卿相"的政治外交活动。可就在李白计划采取行动时，好友元丹丘邀请他前往汝海一游。这让他兴奋不已。李白与元丹丘已交往数年，情谊自不必说，这是道友第一次主动邀请李白出游。他把元丹丘看作长生不死的仙人，称之为"逸人"，若相携出游，他们之间便可以进行一次道友间的倾心交流。

　　汝海是海吗？非也，它只是一条比长江、黄河小很多的河而已，俗称汝水，流经襄城。汝水北边靠近马岭山，和嵩山轻轻勾连；向南可以观赏鹿台山，登高远眺，整个汝水流域尽收眼底。汝水本不出名，只因《庄子》曰："黄帝……至于襄城之野，七圣皆迷，无所问途。适遇牧马童子，问途焉。"黄帝到此竟也迷了路，这才让人们惊叹汝水了不得。

元丹丘的别院建在汝水之畔，春天时院旁有桃李盛开。蔚蓝的天空中飘浮着几朵白云，空气中烟雾迷蒙，蛙噪蝉鸣，预告夏之将至。江风一吹，元丹丘别院的茅盖瑟瑟作响，李白深刻地记住了这个地方，并题诗一首，以作纪念：

仙游渡颍水，访隐同元君。忽遗苍生望，独与洪崖群。卜地初晦迹，兴言且成文。却顾北山断，前瞻南岭分。遥通汝海月，不隔嵩丘云。之子合逸趣，而我钦清芬。举迹倚松石，谈笑迷朝曛。益愿狎青鸟，拂衣栖江濆。

这首《题元丹丘颍阳山居》将李白带到了人生的十字路口，一边是修道，一边是入仕，李白一时难以抉择。他感叹这么美妙的所在，大家永远在一起谈论仙道该多好啊。

李白的汝水之行玩得很尽兴。除了观汝水，他还去了司马承祯大师的弟子胡紫阳的别院一游，然后又游陨城。

可是，就在李白返回安陆后不久，他想永远谈仙论道的愿望就被暂时封藏。李白的岳父许员外一直想让女婿快点"成龙"，不仅给予其丰厚的嫁妆和钱财，并帮他疏通多处关节。安州都督马公也有意成人之美，做个顺水人情。于是许家专门办了一次家宴，邀请几位州官做客。宴会上，马公邀请李白一展才华，即兴赋诗一首。即兴而作对李白来说自然是手到擒来，小菜一碟。他提笔便写，兴致高昂，洋洋洒洒，一挥而就。马公拿过一读，赞不绝口。他当着众人的面，表示可提拔他到本州衙内担任合适的官职。其他州官纷纷附和，皆称李白是个人才，堪当重任。唯有长史李京之虽点头附和，却是皮笑肉不笑。

长史这个职务，是州府主官刺史的佐官，相当于州府的秘书长。

都督府的都督虽在品级上高于州长史，但平常（非战时）一般不过问州府的具体事务。要在州府或下属县安排公职人员，需刺史决定，至少要有长史这样的佐官极力举荐，所以长史的作用很大。可宴席上李长史并不喜欢李白，根本没有起用他之意。况且都督在宴席上说的话并不是官方正式决议，不能作数。如果一定要兑现，还有许多后续的事情要做。但是，李白哪里知道个中事宜，他以为好事将成，一时高兴和众人推杯换盏、觥筹交错，一直痛饮到月明星稀、长空朗朗。这场宴席不仅让宾客尽兴，更让李白的自信心狂增百倍，他当场就有一种飘飘欲仙、登堂入室的感觉。

翌日早晨，李白刚从美梦中醒来，就有人告诉他昨夜浑浑然铸下大错。李白一惊，极力回想昨夜发生了什么。他酒后骑马，摇摇晃晃地回家。走到街口，只听得前方有车轮碾过青石板的声音，而且越来越大。他管不得来者为谁，坚持不肯让路。他只知谁靠近路口便可先过，这是常理，可对方丝毫没有等待、避让的意思。李白溜下马，摇摇晃晃走过去一看，登时惊出一身冷汗，马车里坐的正是那位李长史。官府有规矩，平民布衣上公堂，对县令以上朝廷命官须行跪拜礼；路遇长官出行，须退避十丈之外让路。李白发现自己冲撞了长官，立刻跪拜谢罪，无疑遭到一顿严厉呵斥。如果换作他人，事情或许就这样过去了，但李长史偏要借题发挥，强硬要求李白写一篇认罪书，听候发落。

昨晚李白醉酒，早已忘记前事，经人提醒，才好不容易回忆起来。受到训斥也就罢了，现在还要写检讨，一向高傲的李白哪里受得住这等闲气？但如果不写，自己任公职的事情肯定泡汤。他甚至想，要不别走仕途这条“死胡同”了，还是修道成仙更自由些。于是，他向好友元丹丘打听司马承祯的行踪。元丹丘告诉他，大师在玄宗皇帝泰山封禅前一个多月就被请入皇宫去了，不知何时返回天台山，现在山上只有他的弟子胡紫阳。李白无奈，还是写检讨吧。但他总觉得脸上无光。检讨书写好后，他请求元丹丘同他一起去拜见长史李京之，并呈上这篇精彩的检讨《上安州李长史书》。李白在书信中，向李长史解释了误撞乘驾、冒犯官威之缘由，并深表歉意，以期解除误会。尔后又献诗三首，希望能得到李长史的赏识提拔。他非常仔细地推介自己，品行才学不乏夸张之语；赞扬长史时，也用了不少溢美之词。但文中更多的是表现了一种"可为智者道，难为俗人言"的我行我素的气概。

李长史当场没有任何表示。李白回家静待数日，仍没有得到处理此事的音讯。他自以为有惊无险，算是躲过一劫。可万万没想到，这篇"满纸窝囊之言"的检讨书却呈到了马都督手中，马公阅后，意味深长地长叹一声。李白求职之事就此搁置下来。

李白此次求职以失败告终，他开始认识到"流言蜚语"总比"嘉奖美言"传播得快，而且远比美言的威力大。所谓"好事不出门，坏事传千里"，想入官场就不得不谨言慎行。遭受了这次打击后，李白入仕的希望破灭了，他的人格和尊严也大受损伤。他变得心灰意冷，步履沉重，像一个被人彻底击败的侠士，灰头土脸地退回小寿山。

广水寿山，山虽不大，却峰峦秀出，"凭天霓以结峰，倚斗极而横嶂"，林木葱郁，环境幽雅。时值仲春，花开得迷人，明丽的光景惹来蜂蝶飞舞。李白每走近落满花瓣的山，走进有妻女等候的家，所有的烦恼忧愁就一扫而空。

李妻许氏不愧为大家闺秀，她知书识礼，才德兼备，一直支持李白"瞎忙活"，从无怨言。尽管李白不是个儿女情长的人，但他还是创作了一些诗篇表现妻子和婚后生活。

三百六十日，日日醉如泥。
虽为李白妇，何异太常妻？

这首《赠内》把许氏比作东汉周泽之妻，嫁给我李白这样一个没用的醉鬼，跟当年因罪被关进监狱的太常卿周泽之妻没有什么区别，但你却不离不弃。李白觉得自己到了而立之年依然一事无成，不只愧对帮助过自己的朋友，也愧对自己的妻女。尽管心有愧疚，家庭还是让他时刻感受到了幸福。他们此时已经育有一女，取名平阳，小名"明月奴"。家庭生活和谐，能在小寿山这清净之地潜心修炼，当算一桩难得的美事。

在小寿山半山腰还有一座石岩寺，小桥流水，芳草萋萋，仿若人间仙境。有一天，李白入寺院参观，与一位僧人谈天后，颇有感想，作了一首《石岩寺》，可惜今已失传。李白在小寿山过了一段近乎神仙的生活，"尝弄之以绿绮，卧之以碧云，漱之以琼液，饵之以金砂"，正如他在《代寿山答孟少府移文书》中所言，"童颜益春，真气愈茂"。小寿山正是因附近居民大多长寿而得名，李白居于此，当然有企望长寿的心愿。这段时间是他身心最放松和仙气流露的时光。

这年秋天桂花飘香之时，李白在寿山居处迎来一位贵客，他就是来自广陵的孟赞府（此时已升为县丞）。这次相逢出乎李白的意料，他惊喜万分，以最高礼节待客。二人席地而坐，把酒言欢，忆昔抚今，畅谈未来。孟赞府希望李白不改初衷，李白大受鼓舞。短暂的相聚后，因孟赞府有事需前往都城，李白只能与他依依惜别，并写下《秋夜于安府送孟赞府兄还都序》。序中道："夫士有饰危冠、配长剑、扬眉吐诺、激昂青云者，莫不夸炫意气，托交王侯。若告之急难，乃十失八九。我义兄孟子，则不然耶。道合而襟期暗亲，志乖而肝胆楚越。鸿骞凤立，不循常流……"他再次陈述了什么是真正的友情。李白自吟自叹，不觉泪湿青衫。

孟赞府走后没多久，李白听说马都督和李长史都调离了安州，新调来一位裴长史。他原本打算在小寿山隐居下去，而裴长史的到来又燃起了他心底的希望之火。他马上呈给裴大人一封长信《上安州裴长史书》，在此信里，不仅介绍了自己的身世、品行，还不遗余力地抒发个人抱负，并以前任地方官马都督向李长史赞誉他的口吻夸耀自己与众不同的才华："诸人之文，犹山无烟霞，春无草树。李白之文，清雄奔放，文章俊语，络绎间起，光明洞彻，句句动人。"这位裴长史也是一位极富才情、豁达大度、好客惜才的开明官员。时人编了顺口溜来形容他："车如流水马如梭，裴公门下宾客多。只需裴公一句话，胜似大比登高科。"李白反复斟酌书信中的用词及语气，他相信如果裴公果真爱惜人才，就一定会赏识自己。看着这封自荐信，他仿佛看到一束梦想的光芒照进了自己黯淡的人生。

但是，结果再一次让李白失望透顶，备受打击。裴长史对李白"酒后冒犯""目无尊长"的事迹已有耳闻，他认为，无论在文章中说得多么漂亮，都不如实际行动能证明一切，如果起用了李白这样自以为有仙气护体、无视规矩的狂人，将来还不知要惹来多少麻烦。天真的李白在信中还希望裴长史为他遭受谤毁昭雪，他在信末写道："愿君侯惠以大遇，洞开心颜，终乎前恩，再辱英盼。白必能使精诚动天，长虹贯日，直度易水，不以为寒。若赫然作威，加以大怒，不许门下，遂之长途，白即膝行于前，再拜而去，西入秦海，一观国风，永辞君侯。黄鹄举矣，何王公大人之门，不可以弹长剑乎？"其大意是，跟你说了这么多好话，就是希望你能用我。如果你用了我，我必为你赴汤蹈火，在所不辞；如果你一味摆架子、耍威风，那就此告辞，我上京城去，相信我不求你们这类人，也能一展鸿鹄之志。李白发此狂言，裴长史读罢此信该何感想？不用说，这位惜才的裴大人不会给李白施展其才华的半角舞台。

当然，李白在信中并不是信口开河，他真正付诸行动了，这才是真性情的"谪仙人"。开元十八年（730年）春夏之交，李白移居与小寿山仅一水之隔的白兆山（今湖北省安陆境内），安顿好妻女后，他轻装简行，直奔京师而去。

第四章

酒色才气

开元年间，李白孜孜不倦地拜谒名人，希望得到举荐。但他飘洒狂狷的天性与官场谨小慎微的做派格格不入。他济世安民的理想得不到施展，在郁郁不得志时，美酒、美景和诗歌成为他的寄托，他的诗才也在报国无门、落拓窘迫的悲愤中喷涌而出。

行路难，归去来

　　李白匆匆北上，并游历了沿途多处风景。途经南阳时，他兴致勃勃游览了东汉南都，他被这里秀美的自然风光、悠久的历史文化、灿若群星的英雄豪杰所感动，挥毫写下《南都行》：

　　南都信佳丽，武阙横西关。白水真人居，万商罗鄜阛①。高楼对紫陌，甲第连青山。此地多英豪，邈然不可攀。陶朱与五羖，名播天壤间。丽华秀玉色，汉女娇朱颜。清歌遏流云，艳舞有余闲。遨游盛宛洛，冠盖随风还。走马红阳城，呼鹰白河湾。谁识卧龙客，长吟愁鬓斑。

　　李白不仅道出了南阳的自然山川之美、风物人貌之美，并以卧龙自比，以申用世之志。睹物思人，李白感慨不已，"谁识卧龙客，

---

　　①　城市、街市之意，读作 chán huán。

长吟愁鬓斑"，他多么希望有人能像刘备那样能欣赏他这个"卧龙"。这句感慨也表明他入仕的迫切愿望和不可动摇的决心。

行至洛阳，李白又饱览这神秘都城的风景、古迹，且非常意外地碰到著名诗人王昌龄。二人虽是初次见面，却在诗坛上神交已久，彼此都有相见恨晚之感。王昌龄得知李白将入长安求仕，不禁慨然长叹，他比李白年长十余岁，无论是科考还是举荐他都尝试过了，十几年坎坷经历让他深知仕途艰辛。他劝李白到石门山幽居，在那儿隐入林泉，躬耕垄亩。但李白这时正铆足了劲入仕，哪能听进箴言呢？他婉言谢绝了王昌龄的劝告。王昌龄知道，大丈夫各有其志，勉强不得。于是，他们各道珍重，执手相别。

开元十八年（730 年）初秋，李白终于站在了长安街头。皇城气势恢弘，大街小巷纵横交错，络绎不绝的宝盖华车载着那些达官贵人招摇过市，扬尘而去。大街两旁，碧树成荫，楼台掩映。白天香烟馥郁，人声喧腾。入夜，驿站里、酒馆里挤满了来自天南海北准备应试的学子。才子名士，风度翩翩；歌舞楼台，笙乐四起；王孙贵胄，潇洒自如；羽衣红袖，仙姿悠悠，好一派歌舞升平的景象。

李白此次来京城，身带岳丈许员外写给侄孙许辅乾的私信，他一路打听许府，顺便也观览长安风光。许辅乾，字安国，时任京中光禄卿一职，负责给皇帝看护宫门、管理私库，并搜集山珍海味交给御厨烹制佳肴珍馐。这个职位的权力不大，但油水丰厚，且常有机会见到皇上。李白拜见这位光禄卿当然希望得到他的举荐，他接触的大多是皇帝的近臣和皇亲国戚，请他帮忙是最合适的。许员外虽与侄孙少有往来，但毕竟是本家亲戚，这个忙或许他愿意帮。

初到长安，李白人生地不熟，他骑马在街上走了半天，沿路打听，也没有找到光禄卿的府邸。天色已晚，李白找了个客栈歇脚。再向店家打听，才知光禄卿的府邸就在皇宫附近。第二天一早，李白就来到许辅乾的府邸门前。守门的小厮将他拦下，抬眼打量，见来者着一袭白衫，身跨紫燕马，腰悬青萍剑，单身一人，并无随从，可见非官；腰间也没有佩戴象征身份的玉佩，可见非贵。按常规，此类人员不得进入。李白只得拿出岳丈的书信，让小厮转交光禄卿。

许辅乾拆开来信草草一看，原来是许老爷子举荐"穷亲戚"投奔自己来了，按辈分论还是长辈。尽管他心中有几分不悦，但情面还是得给。何况他现在所居官职也是仰仗老国师的荣光得来，就算帮不上忙，也只当多养一个闲人而已。许辅乾拿定主意，才让李白进去。他对李白一无所知，但他对许老员外知根知底，如果李白是草包一个，老爷子断然不会开口求荐。为求稳妥，他把李白推荐给左丞相张说。不巧的是，张说此时正在病休，便嘱托他的次子张垍接待了李白。张垍是玄宗皇帝之女宁亲公主的驸马，有几分才气，却非常妒才，不怎么喜欢恃才自傲的李白。可父命难违，他不得不把他打发了，于是想到玄宗皇帝的四弟岐王李范，把李白推荐给了他。岐王以好学爱才著称，一见李白就心生喜欢，待读了他的自荐书和几篇诗作后，更觉得是个奇才。但作为王爷向朝廷举荐人才有许多忌讳，如有人进谗言告他结党，皇帝一不高兴就会惹来大麻烦。他可以欣赏李白，甚至将他留在府中做幕宾，但不能轻易向朝廷举荐。

李白入仕的希望就这样在几位达官贵人的推来转去中破灭了，他不知该何去何从。不过，岐王是真心欣赏李白的，过了些时日又听说李白好修道，便将他推荐给皇妹玉真公主。玉真公主，字持盈，是武后的嫡孙，玄宗帝同母妹妹。鉴于玉真公主经历坎坷，玄宗皇帝对她格外疼爱。她若向皇兄举荐人才，即使此人资质平庸，被封赏一官半职也是平常事。然而，李白时运欠佳，偏巧此时玉真公主外出云游，不知何时返回长安。只有玉真公主的一位朋友卫尉少卿张卫尉携自己的两个孩子暂住在公主府中。原来，每次玉真公主出远门，就请张卫尉帮她看家。李白只能暂居公主府等候，因此结识了张卫尉，因不知其名，就称呼他张卿。天天闲来无事，就与张卫尉下棋，或随张卫尉一道教导两个男孩读书习武。

李白等候数日仍不见玉真公主回府，且不曾得到公主的任何承诺，万一公主不愿推举他该如何是好呢？他心里七上八下。为稳定自己焦虑不安的情绪，经过慎重思考，他决定主动出击，在长安城内结交名流。他结交的第一位名流是崔宗之，他不只以诗文出名，还是有爵位的达官。崔宗之与李白虽是初交，却一见倾心，二人倾杯抵掌，诗酒定交。崔宗之甚至有"把袂苦不早"之感。李白很激动，立马写下《酬崔五郎中》：

朔云横高天，万里起秋色。壮士心飞扬，落日空叹息。长啸出原野，凛然寒风生。幸遭圣明时，功业犹未成。奈何怀良图，郁悒独愁坐。杖策寻英豪，立谈乃知我。崔公生民秀，缅邈青云姿。制作参造化，托讽含神祇。海岳尚可倾，吐诺终不移。是时霜飙寒，逸兴临华池。起舞拂长剑，四座皆扬眉。因得穷欢情，赠我以新诗。又结汗漫期，九垓远相待。举身憩蓬壶，濯足弄沧海。从此凌倒景，一去无时还。朝游明光宫，暮入阊阖关。但得长把袂，何必嵩丘山。

李白在诗中以"海岳尚可倾"的移山倒海的气势，表现出坚决踏上仕途的雄心壮志，他准备在这个时代的大舞台上施展自己的才华。与李白不同，崔宗之功成名就，已经生出退隐之心。他也赋诗一首《赠李十二白》，劝李白与他一同游历名山大川，做"千载不相忘"的知音。李白虽未听劝，但彼此唱和，堪称相得。崔宗之是长安城中有名的"酒中仙"，周围有数量众多的酒友、诗友，汝阳王李琎、太子左庶子苏晋、长安县尉崔叔封以及集贤院学士贺知章等，他们在一起高谈阔论，纵情诗酒。李白由此开始了"诗酒外交"。

听说是许国师孙女婿，再加上李白的过人才气与酒量，长安城中很多人都乐于与之交往，也乐意称他为"酒仙"。至于入仕，他们却帮不了李白什么忙，未能在这个浪迹天涯的落魄才子和玄宗之间搭建一道彩色的桥梁。京官多如牛毛，谁才是他从政道路上的"贵人"呢？

又过了月余，李白仍未等到玉真公主返回长安的消息，他心急如焚，向张卫尉表达了自己求引荐的强烈愿望。张卫尉虽知李白才华横溢，但不敢擅作主张，便领李白前往玉真公主别馆。玉真公主的别馆在皇城旁的终南山。从卢藏用开始，很多唐代名士在此隐居以求入仕，被人称为"终南捷径"。抱着试一试的心理，李白也像那些前辈一样，暂居终南山，并希望在这里寻到一条捷径。然而，李白在终南山也没有见到玉真公主。正是入秋时节，一连几天的凄风苦雨令李白愁眉不展。他按捺不住了，于是写《玉真公主别馆苦雨赠卫尉张卿二首》。

其一

秋坐金张馆，繁阴昼不开。空烟迷雨色，萧飒望中来。翳翳昏垫苦，沉沉忧恨催。清秋何以慰，白酒盈吾杯。吟咏思管乐，此人已成灰。独酌聊自勉，谁贵经纶才。弹剑谢公子，无鱼良可哀。

外面风骤雨急，李白独自坐在别馆里，与阴沉的天气一样，他的心情也沉郁苦闷。秋景萧索，只好借酒聊慰心中不平。虽有管仲、乐毅之才，却无人问津，只能像冯谖在孟尝君门下一样弹剑唱歌。李白在诗中既写实景，更表达他求仕不遇的愁苦心情。他以萧瑟的景象喻示自己的前途暗淡，希望渺茫。

　　熬过了秋冬，李白实在不愿在别馆耗费时日，又返回长安自找出路。他依然四处碰壁，心灰意冷，想着偌大的长安城竟连自己的立足之地也没有，皇城中数以千计的文武百官职位，竟没有自己的一席之位。残酷的现实将他的希望敲得粉碎。他越想越愤懑，昏头昏脑地走在大街上，连背囊里的行卷散落在地上也浑然不知。

　　或许是巧合，或许是上天的刻意安排，江阳的陆调捡到了李白的行卷。他匆匆翻看了行卷最上面的《大猎赋》，读了开篇几句就觉得气势逼人、雄壮旷达、石破天惊，不禁叹为奇文。陆调快步追上李白，一边称赞，一边将行卷交还。交谈了几句，两人觉得志趣相投。陆调也是来京寻求仕途发展的，他已经在江阳基层挂职，但他觉得屈才，便来找家底丰厚的叔父帮忙在京城跑官。不过，他不像李白这样心情迫切。

　　两人一见如故，相约到附近酒楼一叙。酒到半酣时，陆调为李白介绍了一位朋友——邠州长史李粲。因有前车之鉴，李白对长史这类人物略带反感，但听说李长史热情好客，几乎天天设宴，想到自己囊中羞涩，好歹去那里可混个酒饭饱。于是答应陆调前往拜访。开元十九年（731年）春，李白前往邠州拜访李长史。李粲待李白很客气，但他并不是因为欣赏李白的才学，而是钦佩他的酒量。李白充当了"陪酒大使"，当他把所有宾客灌到摇摇欲倒时，自己却还能吟诗作赋。这便是"酒仙"的真本事。

　　李白在邠州结识了不少新朋友，过了一段时间体面逍遥的日子，但这与他追求的目标相去太远，李粲从不提及举荐之事，李白一颗滚烫的入仕心被几杯美酒冷冻了，他决定结束打工陪酒的日子。离开邠州时，他为友人写下一首《赠裴十四》来表达自己的感情，在他眼中，无论是文学圈还是官场中，裴政都是最值得称赞的朋友。

朝见裴叔则，朗如行玉山。

黄河落天走东海，万里写入胸怀间。

身骑白鼋不敢度，金高南山买君顾。

裴回六合无相知，飘若浮云且西去。

李白悻悻返京，早春的京城刚下过雪，天气寒冷，道路泥泞，他徘徊在长安街头，不知去往何处。恰逢开元十九年的上元节，街上挤满了观灯的百姓。他被人群推拥着，一路赏灯，一路心事重重。最后他找了个听曲的地方，坐下来静心细听，其中一曲是《杂曲歌辞·行路难》，李白记下其中几段词和韵律。后来，李白创作的多首《行路难》正是对这段经历的深切感受。

京城的官民热热闹闹过正月，李白却只能靠别人打赏的银子艰难度日，天天买醉酒肆。有一天，他听到一帮参加春闱的学子议论，提到"王维"这个名字。李白便想拜访此人，看他是不是孟浩然的好友、有名的田园诗人。他几经打听，好不容易在一所驿馆内见到了王维。此人正是一直与孟浩然书信往来、神交近十年的诗人。交谈中，王维对孟浩然的诗作和人品大加赞赏，虽然他们仅在三年前见过一面，但他们之间的诗书交流从未间断。王维建议李白参加科考，且话语中透露出对"走后门"跑官的鄙视。李白感到自己受到了羞辱，愤愤离去，一生不再与王维有往来。

一晃一年多过去了，李白的仕途依然是"长望杳难见，浮云横远山"①，他不禁感慨自己空度韶华，但若就此离开这个名利场，他又有些不舍与不甘。开元十九年，李白前往坊州拜访司马王嵩。他

---

① 出自李白作《以诗代书答元丹丘》。

在李粲家的宴席上与王司马相识，王嵩曾称赞李白酒色才气俱佳。见面后，李白含蓄表露出希望王司马荐举之意，但王司马只是笑脸相迎，顾左右而言他。坊州一行，李白一无所获，他大失所望，旋归长安。临走时，写下一首《留别王司马嵩》：

鲁连卖谈笑，岂是顾千金。陶朱虽相越，本有五湖心。余亦南阳子，时为梁甫吟。苍山容偃蹇，白日惜颓侵。愿一佐明主，功成还旧林。西来何所为，孤剑托知音。鸟爱碧山远，鱼游沧海深。呼鹰过上蔡，卖畚向嵩岑。他日闲相访，丘中有素琴。

李白问自己，千里迢迢跑到京师到底为了什么呢？是希望自己能辅佐明主，然后功成身退。如今寸功未建，哪有躲在这里休闲享乐的道理？他再次表明自己的政治志向和人生态度。

李白回京后无所事事，整日在长安街头闲逛，或骑马匆匆往返于终南山与京城之间。有一天，他漫无目的地走着，不知不觉来到城北门，刚好碰上在斗鸡场见过的一帮纨绔子弟。他们走在街上耀武扬威，横行霸道，故意把李白挤到路边挑衅。李白正为入仕无门憋闷生气，见此状立马现出仗剑行侠的一面，与这帮人理论，随后便动手打起来。但寡不敌众，又不敢挥剑杀人，结果吃了败仗。要不是陆调带朋友赶来将他救出，只怕连性命都难保。这帮子弟仗着各有身世，其中几人还是羽林军，而无所畏惧，在他们眼中，打架斗殴、伤及无辜算不得什么大事。

李白原以为帝王之都、天子脚下是最清明的地方，而眼下却是如此黑暗。从此，李白除了进身无门的痛苦外，又多了对当朝政治黑暗的认识和忧虑。事后，他连写五十余首《古风》揭露京城的阴暗面，他在第二十四首中提到此事：

大车扬飞尘，亭午暗阡陌。
中贵多黄金，连云开甲宅。
路逢斗鸡者，冠盖何辉赫。
鼻息干虹霓，行人皆怵惕。
世无洗耳翁，谁知尧与跖。

李白在京城经历了许多事，接触到许多不同身份地位、不同秉性的人，他终于认识到，长安大路虽宽，却只任那些王公贵胄和有权有势者横行，自己落魄不就，则寸步难行。他胸中块垒奔涌而出，《行路难》就此出世：

大道如青天，我独不得出。羞逐长安社中儿，赤鸡白狗赌梨栗。弹剑作歌奏苦声，曳裾王门不称情。淮阴市井笑韩信，汉朝公卿忌贾生。君不见昔时燕家重郭隗，拥彗折节无嫌猜。剧辛乐毅感恩分，输肝剖胆效英才。昭王白骨萦蔓草，谁人更扫黄金台？行路难，归去来！

入仕这条路实在难走啊，效法历史上的志士，苦吃够了、好话说完了、屈辱也受尽了，却仍不被人理解和赏识，宏大的理想抱负遭到阻遏，但这又能怎样呢？李白只能发出无奈而沉重的叹息：行路难，行路难啊！还是回去吧。

美酒聊共挥

　　开元二十年（732年），李白决定离开这使他悲愤伤感的都城。可是，离京后又能到哪里去呢？这时他想起寓居终南山时造访斛斯隐士的情景，那是他这次入长安最愉快的一次拜访经历。访后他写了一首田园诗《下终南山过斛斯山人宿置酒》：

　　暮从碧山下，山月随人归。却顾所来径，苍苍横翠微。相携及田家，童稚开荆扉。绿竹入幽径，青萝拂行衣。欢言得所憩，美酒聊共挥。长歌吟松风，曲尽河星稀。我醉君复乐，陶然共忘机。

　　这首赋体诗以田家、饮酒为题材，以"暮"开首，写他与斛斯山人相携来到山村人家，置酒共挥、幽然陶醉而忘机的情景。朋友间抛开世俗功利、奸诈心机，两人敞开心扉，畅所欲言。李白终于想通了，他暂时放下对入仕的执念，从诗酒中寻求快乐。此后两三年，李白的诗文中又增添了酒月之色，而少了奢华虚浮之气。

五月，李白满怀"羞为无成归"① 的心情，作别长安，踏上归程。他走的是一条人迹罕至的"鸟道"——西出长安至金城，向南跨过子午关，又沿秦岭西行越太白峰，再由褒城石门下汉水。他取道蜿蜒，仿佛是为了让与家人相见的时间来得尽可能晚些。

　　李白有一个堂弟在金城任县尉，名叫李叔卿。他出京后第一站就在金城歇脚，并去拜访堂弟。李叔卿看见李白一副心事重重、惶恐不安的样子，猜想一定在长安出了事，不敢久留他。李白见此情形，谎称还要扬帆远游，第二天半夜便悄悄离开金城。

　　李白一口气跑过子午关，经过古栈道至秦岭，这才心里踏实了。从秦岭向西行，只有蜿蜒曲折的羊肠小道，这段路李白走得疲惫不堪，他好不容易才来到太白峰下。太白峰的山光景色对李白产生极大吸引，他一下子将疲劳忘得干干净净。太白峰重峦叠翠，山水、沟壑、峰石都很别致。云海变化多端，时而波卷云涌，汹涌澎湃极为壮观；时而雾寒云滞，云海平静无垠。微风轻拂，峰巅从云海中忽现，如海中小岛，清秀俊美。李白当日就径直攀向峰顶，一直到了能够观览云海的地方才止住脚步。雄奇开阔的景色映入眼帘，李白情不自禁地咏道：

　　　西上太白峰，夕阳穷登攀。

　　　太白与我语，为我开天关。

　　　愿乘泠风去，直出浮云间。

　　　举手可近月，前行若无山。

　　　一别武功去，何时复见还？

---

　　① 出自唐代姚合《送李馀及第归蜀》。

这首《登太白峰》写的是李白登上太白峰的真实感受。登上峰顶，他顿时觉得自己进入了仙境，所有人间俗事都与他无关。他不忍离去，担心一旦离开就再也没有复返的机会。然而，李白毕竟还身处俗世中，即使万般不舍也不得不离去。

他打定主意，下一站前往汉中。从周至到汉中，旅程较远，且山高路险，原来李白是奔汉水而去。到了汉中，他才真正找到急盼回家的感觉，乡愁更浓烈了。他乘船东下，当时正值初秋，江风习习，江面碧波粼粼，李白心中也泛起微澜，不知是秋思还是乡愁。船家常在江上行，岂不懂路途迢迢寂寞苦？他摆上两碟小菜，邀李白对饮。酒入愁肠后引出更多愁绪，李白就势吟咏一首《江上寄元六林宗》，以排解愁绪。

霜落江始寒，枫叶绿未脱。客行悲清秋，永路苦不达。沧波眇川汜，白日隐天末。停桡依林峦，惊猿相叫聒。夜分河汉转，起视溟涨阔。凉风何萧萧，流水鸣活活。浦沙净如洗，海月明可掇。兰交空怀思，琼树讵解渴。勖哉沧洲心，岁晚庶不夺。幽赏颇自得，兴远与谁豁。

与船家对饮，勾起了他的满腹心事，却无处诉说。两岸猿猴哀啼不绝，更加令人心神难安；江上落霜，寒意森森，大自然空旷而落寞。面对此情此景，他非常思念知心朋友元丹丘。

又过了一月有余，李白乘一叶扁舟从逶迤群山中漂来，展现在他眼前的是一幅开阔的荆楚之象。近三年的"北漂"生活使李白精疲力竭，从喧嚣的闹市来到安静的家园，他的心境由焦虑转为闲适了。白兆山与小寿山仅一水之隔，是他的栖所、他的家，这次李白回来，一投进它的怀抱，便立即陶醉了。静下心来后，他写了一首七言绝句：

> 问余何事栖碧山，笑而不答心自闲。
> 桃花流水窅然去，别有天地非人间。

　　这首《山中问答》是李白直面内心的一次拷问，也是对压抑情绪的一次释放。他看样子要归隐田园了，连芳草碧树萝藤也在飞烟中摇动，似乎在欢呼他的归来。从长安狼狈归来，李白从此在这"一水担二山"①之间诗意地栖居，潜心写作，以诗酒会友。

　　可李白刚进家门没多久，好友胡紫阳就来信邀他前往随州一游，并告诉他洛阳的元演也会前来。李白见信就坐不住了，马上北上。李白、元演的到来让胡紫阳十分高兴，当晚在餐霞楼为他们接风洗尘。当地的州县官吏也前来作陪。酒至半酣，紫阳乘兴拿来笛子、玉笙，自己吹笛子，请李白吹玉笙，为大家助兴。汉东太守得意忘形，手舞足蹈起来。众人纵酒狂欢，酣畅淋漓。那天晚上，李白喝醉了，醒来时，发现自己身上盖的是太守的锦袍，枕的是太守的腿。几年后，李白回忆起这次聚会，依然觉得好笑，并写了首长诗《忆旧游寄谯郡元参军》，叙说当时的情景。

> 忆昔洛阳董糟丘，为余天津桥南造酒楼。黄金白璧买歌笑，一醉累月轻王侯。海内贤豪青云客，就中与君心莫逆。回山转海不作难，倾情倒意无所惜。我向淮南攀桂枝，君留洛北愁梦思。不忍别，还相随。相随迢迢访仙城，三十六曲水回萦。一溪初入千花明，万壑度尽松风声。银鞍金络倒平地，汉东太守来相迎。紫阳之真人，

---

① "一水"即涢水，今湖北省境内的府河。"两山"即小寿山、白兆山。

邀我吹玉笙。餐霞楼上动仙乐，嘈然宛似鸾凤鸣。袖长管催欲轻举，汉中太守醉起舞。手持锦袍覆我身，我醉横眠枕其股。当筵意气凌九霄，星离雨散不终朝，分飞楚关山水遥。余既还山寻故巢，君亦归家渡渭桥。君家严君勇貔虎，作尹并州遏戎虏。五月相呼度太行，摧轮不道羊肠苦。行来北凉岁月深，感君贵义轻黄金。琼杯绮食青玉案，使我醉饱无归心。时时出向城西曲，晋祠流水如碧玉。浮舟弄水箫鼓鸣，微波龙鳞莎草绿。兴来携妓恣经过，其若杨花似雪何。红妆欲醉宜斜日，百尺清潭写翠娥。翠娥婵娟初月辉，美人更唱舞罗衣。清风吹歌入空去，歌曲自绕行云飞。此时行乐难再遇，西游因献长杨赋。北阙青云不可期，东山白首还归去。渭桥南头一遇君，酂台之北又离群。问余别恨知多少，落花春暮争纷纷。言亦不可尽，情亦不可极。呼儿长跪缄此辞，寄君千里遥相忆。

年底，李白返回家中。他与妻子一起商议在房屋前后开垦山田，种上蔬菜和果树；又将桃花岩的花草规整一番，他决心要过陶渊明那样的生活。然而，李白越想静下来，越静不下来，且越来越离不开酒了。平日只是一壶清酒就着几盘时蔬小菜，小酌一番。一旦有客人来访，必是一顿豪饮，越喝诗兴越浓，满腹才气也在酒中溢出。开元二十一年（733 年）春，李白作一首七言绝句《山中与幽人对酌》：

两人对酌山花开，一杯一杯复一杯。
我醉欲眠卿且去，明朝有意抱琴来。

李白此诗借用陶渊明的典故自喻，他好酒但并不是个酒鬼，诗中表露出他随心所欲、不拘礼节的人生态度，展现了一个超凡脱俗的"酒仙"形象。酒渐渐成为他诗中一个必不可少的道具。不过，这一时期的酒色还算恬淡素雅，没有隐含多少忧愁在其中。这并不表示李白内心没有波澜。春日某天，李白在白兆山自斟自饮，旁边坐着许氏夫人和女儿平阳。他望着孤云归山、飞鸟投林，又有所感，写下《春日独酌二首》。其二这样咏道：

> 我有紫霞想，缅怀沧洲间。
> 且对一壶酒，淡然万事闲。
> 横琴倚高松，把酒望远山。
> 长空去鸟没，落日孤云还。
> 但恐光景晚，宿昔成秋颜。

可见李白此时的淡然是装出来的。他陪客痛饮时那么豪放不羁，而独酌时却难免生悲。妻子理解他的这种心情，她鼓励丈夫，酒中寻乐是可以的，但不可沉迷，但凡还有一丝进身仕途的机会，就不要轻易放弃。晚上，李白同夫人一起清理祖辈留下来的一些书籍，随手取出一本翻阅，见里面记载着一些能臣贤相辅佐君王干事业的事迹，他的心里又开始翻腾。恰巧前些天听人们谈论，荆州大都督府长史韩朝宗兼任了襄州刺史、山南东道采访使，简直成了一方诸侯。李白对韩刺史早有耳闻，据说他品学兼备，且喜欢提拔后辈。与妻子商议后，李白打点行装前往州治所襄阳，争取得到韩朝宗的举荐。

李白访谒过许多人，虽至今未能进身仕途，但却结交了众多官场和诗人朋友，他们中的不少人与韩刺史有过交集，好友崔宗之及黎昕、许莹等都是韩刺史举荐的。而名气越来越响的"酒仙"自然也为韩刺史所熟知，所以李白信心十足。他认真整理行卷，写下《与韩荆州书》，毕恭毕敬地呈给刺史。李白之前已多次写过自荐书，写作水准越来越高。此书起笔就对韩朝宗做一番激赞：

白闻天下谈士相聚而言曰："生不用封万户侯，但愿一识韩荆州。"何令人之景慕一至于此耶！岂不以有周公之风，躬吐握之事，使海内豪俊奔走而归之，一登龙门，则声价十倍！所以龙蟠凤逸之士，皆欲收名定价于君侯。

在夸赞了韩刺史爱惜人才后，李白开始介绍自己，将他的学识、品行、经历、志向无一遗漏地吹嘘一通。当然，既为自荐书，稍稍夸张一点也在所难免。然而，李白是个有强烈自信心、个性又极度张扬的人，他接下来这样说：

幸愿开张心颜，不以长揖见拒。必若接之以高宴，纵之以清谈，请日试万言，倚马可待。今天下以君侯为文章之司命，人物之权衡，一经品题，便作佳士。而君侯何惜阶前盈尺之地，不使白扬眉吐气、激昂青云耶？

这几句话咄咄逼人，给人以气势凌人、飞扬跋扈之感。韩刺史岂会因受此气势所迫而推荐他吗？韩刺史对李白的轻狂一笑置之，也将他的奇文弃置一旁。所谓"性格决定命运"，李白再次遭遇失败，也完全在情理之中了。

李白从都督衙门出来，被襄水的凉风一吹，头脑清醒了许多。他知道自己"扬眉吐气、激昂青云"的愿望又成了泡影，不过他早有心理准备，这次失败并没有给他造成多大打击，只当是襄阳一游了。该交友照旧交友，该饮酒照旧饮个痛快。他的堂兄李皓在襄阳任县尉，李白顺便去拜访他，看他能否在韩刺史那里为自己美言几句。二人见了面，叙谈别情，互诉衷肠，又一起游览襄阳胜景，饮酒赋诗。可是李白的态度丝毫没有改变——有求于人却表露出一副高傲姿态。从他写给李皓的诗《赠从兄襄阳少府皓》中可以看出，虽然他眼下"归来无产业，生事如转蓬，一朝乌裘敝，百镒黄金空"，需要兄弟帮助，但他却这样讲："所以陈片言，片言贵情通。棣华倘不接，甘与秋草同。"其大意是：所以我来与你告个急，你懂其中的意思就行了，贵在心有灵犀。如果你不顾兄弟情谊，不愿帮助我，就当这话没有说，我将像秋草蓬稞一样随风飘散。这哪里是求人帮忙的语气呢？李白呼朋唤友，虽侠肝义胆、意气豪迈，却对人情事理不够通达，不知什么话可说、什么话不可说。他秉性如此，改不了了。

这次李白在襄阳山公楼大醉一场后，还写了一首十分狂浪的《襄阳歌》，将酒后的张狂姿态暴露无遗。

落日欲没岘山西，倒著接篱花下迷。襄阳小儿齐拍手，拦街争唱白铜鞮。傍人借问笑何事，笑杀山翁醉似泥。鸬鹚勺，鹦鹉杯。百年三万六千日，一日须倾三百杯。遥看汉水鸭头绿，恰似葡萄初酦醅。此江若变作春酒，垒麹便筑糟丘台。千金骏马换小妾，笑坐雕鞍歌落梅。车傍侧挂一壶酒，凤笙龙管行相催。咸阳市中叹黄犬，何如月下倾金罍。君不见晋朝羊公一片石，龟龙剥落生莓苔。泪亦不能为之堕，心亦不能为之哀。清风朗月不用一钱买，玉山自倒非人推。舒州勺，力士铛，李白与尔同死生。襄王云雨今安在，江水东流猿夜声。

李白在诗中说自己像魏晋时期的名士山简一样，日暮归来，烂醉如泥，被儿童拦住拍手唱歌，引起满街的喧笑。而李白却毫不在意，反而乘酒兴正酣，纵情奇思异想，把周围的一切都幻化成他饮酒作乐的场所，潇洒无比，旷达无比。但与山简相比，李白的时运可是差多了。

自爱名山入剡中

在求引荐失败后数月里，李白几次往返于安陆、洛阳之间。受元演之邀作客洛阳，受元丹丘之请游嵩山，夜宿龙门……期间，李白写下《题元丹丘山居》《元丹丘歌》《秋夜宿龙门香山寺奉寄王方城十七丈奉国莹上人从弟幼成令问》《冬夜宿龙门觉起言志》《梁甫吟》等诗作。但他在这些诗作中无论是对修道愿望还是对入仕梦想的表露，都远不及以前那么迫切和强烈。

是年冬，李白的妻子许氏生了一个大胖小子，他给儿子取名伯禽。儿子的降生让李白非常高兴，但却没有束缚住他的手脚，他名义上隐居白兆山，而实际上出游的日子远比居家多。第二年，即开元二十二年（734 年）春天来临后，李白又开始春游了。他一路北上，到洛阳暂居。一次酒后兴起，作《古风》（其十八）。李白已到过洛阳多次，对古都的景物烂熟于心，他在诗中写的并非实景，而是借古喻今，表露自己对功成身退的政治理想仍未忘怀。

外面虽是春暖花开的季节，李白的内心世界却不是和风煦煦、阳光灿烂。一天，他夜不能寐，忽而听到远处传来几缕断续的笛声。这笛声立刻触动了他的羁旅情怀，他披衣起身，作《春夜洛城闻笛》七绝一首：

> 谁家玉笛暗飞声，散入春风满洛城。
> 此夜曲中闻折柳，何人不起故园情。

这首诗写的是闻笛，但它的意义不限于描写音乐，还表达了令李白对故乡的思念。但人们不明白，既然李白的离情别绪那么浓郁，为何他却闲居洛阳不回家呢？甚至有人认为，李白本就出生于洛阳。这只怕是另一个难解之谜。

李白在洛阳待了好几月后南下再游南阳城。大约在夏季，他写下《游南阳清泠泉》：

> 惜彼落日暮，爱此寒泉清。
> 西辉逐流水，荡漾游子情。
> 空歌望云月，曲尽长松声。

丰山下，白河岸，清泠泉。李白在那里看落日，赏寒泉，望云月，听松声，一时心潮难平，游子情生。他想家却不急于回去，或许可以说明他的心仍漂浮不定。不难发现，他的诗中除了山水、明月、美酒外，又添进了音乐。

李白在南阳逗留数日后，经襄城至汉水乘舟南下。时令已至深秋，江岸的树木早已凋零，船帆上挂了一层浓霜。江水缓缓向南流淌，到了荆山附近，水面变得安宁、沉静。行舟入荆门，李白想起当年顾恺之、张翰还家的情境，莫名感怀，于是写下《秋下荆门》：

霜落荆门江树空，布帆无恙挂秋风。

此行不为鲈鱼鲙，自爱名山入剡中。

　　李白此次从汉水渡荆楚之北门（今荆门市境内），而不是从长江渡荆楚之西门。这首七言绝句写的是秋来添乡愁，主题思想简单明了，借两个典故写还家的急切心情。后世人们在解析这首诗时，歧义纷出。"布帆无恙"这个典故讲的是顾恺之在任荆州都督府参军时，因想家而向刺史殷仲堪告假。当时正是秋风苦雨的时节，殷仲堪便把布帆送给顾恺之，顾恺之乘舟沐风栉雨回江东，到家后写信向殷仲堪报平安："行人安稳，布帆无恙。""鲈鱼鲙"则是说西晋吴人张翰在洛阳做官时，见秋风日盛一日，思乡的心绪也越发繁重，想到家乡特色美味菰菜羹、鲈鱼脍，他决定辞官回乡，"人生贵得适意尔，何能羁宦数千里以要名爵"①。而李白去剡中，不关乡愁，只是他太爱游览名山大川了。如果说此诗还有隐含意思的话，那就是顾恺之、张翰都是主动辞官回家，而李白却是入仕无门被迫还家，两相对照，他岂能不心生感伤？

　　李白乘一叶轻舟直抵江夏，仍然没有回家的打算。他内心茫然，浑浑噩噩，不知何往，于是随波逐流，再入洞庭。这次入洞庭，故地重游，既无兴致又无目的，八百里洞庭可资游览的地方实在太多了，他在这里重温了黄帝铸鼎、滴泪染竹、武帝弄酒等美好传说后，心情似乎开朗一些。他在《秋夕书怀》（一作《秋日南游书怀》）中诉说了感受：

---

① 出自刘义庆《世说新语·识鉴》。

北风吹海雁，南渡落寒声。感此潇湘客，凄其流浪情。海怀结
沧洲，霞想游赤城。始探蓬壶事，旋觉天地轻。淡然吟高秋，闲卧
瞻太清。萝月掩空幕，松霜结前楹。灭见息群动，猎微穷至精。桃
花有源水，可以保吾生。

虽然李白说他"淡然吟高秋"，实际上他此时的思想感情非常复
杂，悲愤中似乎仍对前途有所希冀，失落中又告慰自己不要太早放
弃。南归之雁哪会没有北去的机会？他让自己好好想想，闲游于山
水间，是在等待北上的时机，还是就在这世外桃源中隐世修仙、安
度一生？李白不是在提问，而是在仔细深入地思考这两条人生道路，
他此时还没有找到答案。

在洞庭闲逛了一圈后，李白重返江夏，此时已至年底。在江夏
他意外遇见了老友宋之悌。太原府尹宋之悌一生仕途平坦，暮年却
被发配到交趾（今越南河内），李白同情宋之悌的遭遇，十分难过，
设宴为宋之悌钱别，并写下《江夏别宋之悌》一诗：

楚水清若空，遥将碧海通。
人分千里外，兴在一杯中。
谷鸟吟晴日，江猿啸晚风。
平生不下泪，于此泣无穷。

李白与宋之悌的年龄相差很大，交情也不是特别深厚，但他却
"平生不下泪，于此泣无穷"，一向乐观的李白哭得稀里哗啦，这是
朋友送别中从未有过的失态。显然，他不只是为宋之悌难过，也为
自己感到难过，于是将数年沉积的悲伤倾泻而出。

挥泪送别宋之悌后，李白有感于"仕途迫隘"的现实，继续饮

酒寻欢，试图在放浪形骸中自我疗伤，他特意写了一首《江上吟》：

木兰之枻沙棠舟，玉箫金管坐两头。美酒尊中置千斛，载妓随波任去留。仙人有待乘黄鹤，海客无心随白鸥。屈平词赋悬日月，楚王台榭空山丘。兴酣落笔摇五岳，诗成笑傲凌沧洲。功名富贵若长在，汉水亦应西北流。

这首诗描写江上泛舟行乐的即景画面，有虚有实，既表达了他重视文学，鄙夷功名的思想和对自由、美好生活的追求，也透露出他眼下低落的精神状态。现实与理想相差甚远，他只能把期盼寄予生花妙笔。"兴酣落笔摇五岳，诗成笑傲凌沧洲"，李白并非吹牛，他正是凭借酒劲在这人生的低谷将他的诗歌推向了第一个高峰。

翌年初春，李白还在江夏盘桓，不想回家。不巧，他的安州朋友蔡十回家经过江夏。几年未见，他们相约一叙。蔡十虽才高气远，却流落四海，运蹇命奇，因此深得李白同情。李白也是仕途受阻，但他比蔡十稍宽裕，可以肆意潇洒。他在《早春于江夏送蔡十还家云梦序》中与蔡十约定，秋后一起到会稽游"镜湖"、观"白云"，并叮嘱一定不要错过这个机会。蔡十应诺，但他劝李白尽快回家。如此，李白才从江夏回到安陆。

笑尽一杯酒

　　李白回到白兆山，与家人在一起待了不到一个月，又收到洛阳朋友元演的来信。元演在信中说，他的父亲晋升为太原府尹，又兼北方边防要职，他想去太原看望父亲，邀请李白一同前往。安陆离太原迢迢数千里，山高水远，但元演信中所言一下子激发了李白仗剑天涯的侠士情结，他稍作考虑便欣然应允。

　　开元二十三年（735 年）春末，李白日夜兼程赶到洛阳与元演会合。碰巧，唐玄宗东巡正从洛阳路过。李白闻讯，喜不自胜，立刻将几年前所作的《大猎赋》誊写出来，托人转呈玄宗皇帝御览。他的《大猎赋》希图"以大道匡君，示物周博"，而"今圣朝园池遐荒，殚穷六合"，幅员辽阔，境况与前代大不相同，夸耀本朝远胜汉朝，并在结尾处宣讲道教的玄理，以契合玄宗崇尚道教的倾向。玄宗皇帝在洛阳并没有久作停留，就从孟津渡河去了云台山，他是否看到《大猎赋》不得而知，但李白却在耐心等待。一天没事在洛阳街上闲逛，他看到不少侠客装扮的少年。他们骑马佩剑，英姿飒爽，极具古侠遗风。李白不由得怀念起那些史上留名的游侠，于是拟乐府旧题写了一首《结客少年场行》：

紫燕黄金瞳，啾啾摇绿鬃。平明相驰逐，结客洛门东。少年学剑术，凌轹白猿公。珠袍曳锦带，匕首插吴鸿。由来万夫勇，挟此生雄风。托交从剧孟，买醉入新丰。笑尽一杯酒，杀人都市中。羞道易水寒，从今日贯虹。燕丹事不立，虚没秦帝宫。舞阳死灰人，安可与成功。

李白一直有"安社稷，济苍生"的壮志雄心，但总不能如愿。他在诗中勾画出一个理想的少年侠客形象，又借用典故，阐发结交侠士成败之道——即便是去杀人，也要学西汉游侠剧孟笑着干完杯中酒，切不可像秦舞阳那样刚入秦宫就被吓得半死。

李白在洛阳待了几日，仍没有得到回音，于是与元演北上太原。五月，李白即领略到北方边地的奇异风光。他们在太原盘桓多日，北游雁门关，登长城，望大漠，过了一段呼鹰逐兔、驰马射雁的生活。但是，李白仍希望攀桂求闻达，既然辗转三晋也不得如愿，那继续待在太原就没有多大意义了。况且寒秋已至，李白开始想念中原的家小，于是作了《太原早秋》：

岁落众芳歇，时当大火流。
霜威出塞早，云色渡河秋。
梦绕边城月，心飞故国楼。
思归若汾水，无日不悠悠。

李白心境旷达，他把秋思写得雄浑苍凉、大气磅礴。离开太原前，元演的父亲送给他一匹五花马、一领千金裘，不枉他来塞上一趟，也可一圆他的侠士之梦。越年，李白踏上归途。在返家途中，经过洛阳时和刚游峨眉山归来的元丹丘不期而遇，两人不忍离别，在洛阳逗留多日。这时，元丹丘接到南阳岑勋托人转来的一封信，表示他对李白钦慕已久，务必请元丹丘找机会让他们见一面，随信还附了一首诗，表达对李白的仰慕之情。元丹丘一看，眼下不正是一个好机会吗？他一边回信让岑勋火速赶来颍阳，一边劝李白到他的颍阳山居小住。

十多天后，新朋旧友终于相聚，初见面交谈，果然情投意合。李白作诗《酬岑勋见寻就元丹丘对酒相待以诗见招》，称"我情既不浅，君意方亦深。相知两相得，一顾轻千金。且向山客笑，与君论素心"。一日，三人带着几名道童一起登临紫云山绝顶，此时春光明媚、鸟语花香，令人心旷神怡。他们在月光下置酒高歌，开怀畅饮。三人中数李白酒兴最浓，谈锋最健。谈到太原之行，他大赞塞外风光和主人盛情；谈到个人前途，他感到青春将逝而报国无门，不免暗自神伤。不待主人相劝，他已接连饮尽数盏。

清风徐来，林涛阵阵，李白已觉微醺，听到远处传来的风声、涛声，像是黄河的咆哮一般。他高喊："拿酒来！"元丹丘到底是李白的至交，知道这位老兄灵感上来了，故意打趣道："我可没钱打酒了。"李白哈哈大笑："没钱怕什么？"他显然已经有几分醉意。岑勋明白李白的酒意已有八成，请他作诗的绝佳时机到了。便转向李白说："早听说贤弟斗酒诗百篇，请问诗在何处？"元丹丘在一旁附和："是呀，诗在哪里？"李白拍案而起，拍着胸脯说："在此！"元丹丘急忙唤道童准备文房四宝。李白握毫在手，高声叫道："丹丘子，且听我吟咏。"李白随即吟出开首两句："君不见黄河之水天上来，奔流到海不复回！"二人一听，拍案叫好。李白接着又吟道："君不见高堂明镜悲白发，朝如青丝暮成雪。人生得意须尽欢，莫使金樽空对月。"

岑勋和元丹丘被李白诗作奇特的转换章法震惊了，只听李白又一口气吟出四句："天生我材必有用，千金散尽还复来。烹羊宰牛且为乐，会须一饮三百杯。"听到这豪迈至极、潇洒无限的诗句，元、岑二人惊喜不已。李白高喝一声，又吟："岑夫子，丹丘生，将进酒，杯莫停。"元、岑二人一听，搞不清李白是在劝酒，还是在作诗。岑勋笑着举起酒杯，一饮而尽，元丹丘正提笔犹豫。李白又吟道："与君歌一曲，请君为我倾耳听。钟鼓馔玉何足贵，但愿长醉不复醒。古来圣贤皆寂寞，惟有饮者留其名。"元丹丘见李白妙用典故，终于相信他此刻的头脑是清醒的，放下酒杯，静静地倾听。岑勋听到这样绝妙佳句，不觉问道："语出何典？"李白诗如泉涌，顾不上回答："陈王昔时宴平乐，斗酒十千恣欢谑。"岑勋知道他用的是曹植《名都篇》，便问："你我布衣怎能比得了陈思王？"元丹丘也补问道："山居怎能与平乐宫相比？"李白却不假思索自顾高吟："主人何为言少钱，径须沽取对君酌。五花马，千金裘，呼儿将出换美酒，与尔同销万古愁！"

此情此景，此时此刻，在元、岑二人拍手叫好声中，一首名垂诗史的《将进酒》喷涌而出。这首"酒歌"堪称千古绝唱，将李白旷达、豪迈、空灵的诗风表现得淋漓尽致，也为他在后世赢得了"酒仙"的美誉。

李白在颍阳与元、岑二人惜别，经南阳转道汉水至江夏，此时已值暮春。他本不想在江夏逗留，却与朋友张承祖不期而遇。张承祖由江东去洛阳，李白设宴与之共饮，并作《暮春于江夏送张祖监丞之东都序》，回忆两人相交的过往。他写道："仆书室坐愁，亦已久矣。每思欲遐登蓬莱，极目四海，手弄白日，顶摩青穹，挥斥幽愤，不可得也。而金骨未变，玉颜已缁，何常不扪松伤心，抚鹤叹息？误学书剑，薄游人间。紫禁九重，碧山万里。有才无命，甘于后时。"他向张承祖慨叹自己时命不济，才学不为世用。序中借用典故，表达了对当朝政治和韩朝宗之流的不满情绪。他"挥斥幽愤"，但此时已学会寻求精神上的寄托，"至于清谈浩歌，雄笔丽藻，笑饮酿酒，醉挥素琴，余实不愧于古人也"。

送走张承祖后，李白立马回家。他想到桃花岩的几亩山田，仅从这个时候开始，李白才真正尝试过一段时间的田园生活。开元二十四年（736 年）夏到翌年底是他在安陆最沉寂的一段时间。未曾出游，未曾会友，甚至谢绝慕名前来的访客。可是，有一天他的几个堂兄弟一起来看望他，又把他好客、好酒、好热闹的"瘾"勾了起来。他们秉烛夜游桃花园，然后设琼筵于花丛中，定下酒规，敞怀畅饮，一个个醉倒在月光下。

李白"闭关"一年多后终于坚持不住了，即使身在家中，心却早已飞到天外。开元二十六年（738 年），似乎是为了弥补前一年的"损失"，李白在这一年里高速出游。先去襄阳看望老朋友孟浩然，再北上颍阳见元丹丘，并留下一首《颍阳别元丹丘之淮阳》。

"别尔东南去"，与朋友匆匆别过，李白便从江北向东去。他经陈州（今河南省周口市淮阳区）转至宋城（今河南省商丘市睢阳区）；再经汶上（今属山东省济宁市）往下邳（今属江苏省徐州市）；后经淮阴（今属江苏省淮安市）至楚州（今江苏省扬州市宝应县一带）。江北一游，旅程数千里。期间，作诗多首，最当一读的是作于陈州的《送侯十一》。

朱亥已击晋，侯嬴尚隐身。
时无魏公子，岂贵抱关人。
余亦不火食，游梁同在陈。
空余湛卢剑，赠尔托交亲。

"功成身退"是支配李白一生的主导思想。此诗表露出他报国无门又所求非人的窘状，像孔子游说陈国一样，有远大政治抱负却终不能实现。他自比宝剑，希望能交给值得托付的人。

另外，李白作于徐州的《客中作·兰陵美酒郁金香》兴随酒起，诗从酒来，让人嗅到一股浓郁的酒香。这首古体诗这样写道：

兰陵美酒郁金香，玉碗盛来琥珀光。
但使主人能醉客，不知何处是他乡。

在宋城，李白写有《淮阴书怀寄王宋城》；在曲阜，写了《东鲁门泛舟二首》；在下邳又写下《经下邳圯桥怀张子房》。他在楚州待的时间较长，直到开元二十七年（739年）春末才离开。是年夏天，李白重游广陵，然后渡江，绕道下苏杭。在杭州，李白与从侄李良同游天竺寺，并作《与从侄杭州刺史良游天竺寺》五言古诗一首：

挂席凌蓬丘，观涛憩樟楼。三山动逸兴，五马同遨游。天竺森在眼，松风飒惊秋。览云测变化，弄水穷清幽。叠嶂隔遥海，当轩写归流。诗成傲云月，佳趣满吴洲。

这首诗很纯粹，写景抒情谈感受。面对这么一个大官亲戚，李白却没有提及"仕"，也没有说起"道"，难道他真的全都放下了？

告别亲朋，告别江东，李白乘船从长江溯流而上。初秋，船行至当涂（今安徽省马鞍山市当涂县），夜泊牛渚矶。李白见月色正好，便下船登上牛渚矶。他陡然想起这是东晋镇西将军谢尚赏识提拔袁宏之处，顿时感慨不已，作一首《夜泊牛渚怀古》：

牛渚西江夜，青天无片云。
登舟望秋月，空忆谢将军。
余亦能高咏，斯人不可闻。
明朝挂帆席，枫叶落纷纷。

李白把自己与袁宏相比，认为自己的才学一点不在袁宏之下，为何谢将军能识得袁宏这匹"千里马"，却没有人能欣赏自己呢？他只能"空忆"，叹惜"枫叶落纷纷"。

翌日，李白到江西淮南一游。大约三天后上船继续西进，在当年仲秋到达巴陵。在岳阳城，李白遇见了王昌龄，二人一见如故。此时的王昌龄任江宁丞，官职不大但在文学圈子里名气却不小，被称为"诗家天子"，且是玄宗皇帝改府兵制为募兵制后投笔从戎的边塞诗人代表。他与李白志趣相投，神交已久。他们相携来到江边，一边在船上小酌，一边畅谈圈子里的交往故事。次日，王昌龄与李白道别时，写了一首七言绝句《巴陵送李十二》。在这首诗中，虽是送别却不道离情苦，格调高昂，与李白性情完全契合。

摇曳巴陵洲渚分，清江传语便风闻。
山长不见秋城色，日暮蒹葭空水云。

李白与王昌龄分别后回到白兆山已是开元二十七年（739年）深秋。他这次出游，历时两载有余，行程近万里，但出行目的为何却不明确，仅仅是"名山游"排遣心中的郁结，还是在彷徨中寻找新的出路呢？

开元二十八年（740年）早春，李白动身去南阳，正慢悠悠走在半道上，有人追上他，告知许夫人病危，让他赶紧返家。李白掉头往回赶，结果还没到家，妻子许氏已溘然长逝。许氏病故后，李白决定离开白兆山，迁往他乡，他"酒隐安陆"的生活就此结束了。

第五章

朝堂傲气

理想频频落空的李白在天宝初年终于迎来人生曙光，他在长安的诗名斐然，又巧遇贺知章等人援引，终于走到政治舞台的中央。他用奇伟文才打动了唐玄宗，令长安乃至全国文人都为他的一支妙笔倾倒。在人生的高光时刻，他胸怀报国大志，却屡遭"流产"，人生之路就此走上了另一个方向。

我辈岂是蓬蒿人

在安陆蹉跎十年后，李白于开元二十八年（740 年）携儿带女坐上驿车，告别白兆山和苦心经营了十年的家院，迁往东鲁河南道任城。东迁并非李白一时冲动，可能有三个原因。

原因一，两年前他在长江北游历时，就曾经过宋城到汶上再到下邳，虽不敢肯定他那个时候就中意任城，但至少可确定李白举家迁到了他曾经到过的地方。细心人不难发现，他似乎在追寻孔子的足迹。在陈州，李白在《送侯十一》中隐约提到孔子游陈国。他跟孔子一样，南北奔走是为了实现自己的政治目标。虽然他一生崇道，但心中还是对儒学充满赤诚和向往，来到儒学的发源地。

原因二，李白有个同族叔父在任城当县令，他选择任城可能有投奔叔父之意。且兄长李明府也在汶上当县令，族弟李凝在单父（今山东省菏泽市单县）为主簿，从祖李北海任济南太守，近世族祖李辅任兖州都督，李幼成、李令问等几个族弟也都在山东供职。迁至此处，生活上可得到这些亲友的照顾。

原因三，"学剑来山东"。到任城不久，李白就写了一首《五月东鲁行答汶上翁》：

> 五月梅始黄，蚕凋桑柘空。鲁人重织作，机杼鸣帘栊。顾余不及仕，学剑来山东。举鞭访前途，获笑汶上翁。下愚忽壮士，未足论穷通。我以一箭书，能取聊城功。终然不受赏，羞与时人同。西归去直道，落日昏阴虹。此去尔勿言，甘心为转蓬。

诗中写他初抵东鲁时的真实感受，自比鲁仲连，表示不屑于富贵，自己的一切努力都只为了能发挥自己的政治才能，施展鲲鹏之志。"顾余不及仕，学剑来山东"两句正是他当时思想状况的写实。李白回顾自己南北奔走的生活历程，决定到东鲁定居。尽管人们对"学剑来山东"之言有异议，但仍有不少人认为李白移家东鲁就是打算跟裴将军学剑术，以求有机会建功立业。"金吾大将军"裴旻在征边中屡建军功，以剑术精湛著称于世，李白可能是慕名而来。

了解了李白为什么而来后，更重要的是明确他在东鲁做什么。李白相信"天生我材必有用"，并自视有治世之才和雄韬伟略。屡遭挫折后他学会了思辨，当朝虽儒、释、道并存，但科考、用人皆以儒家思想为主导，既然来到儒学的发源地，自然得考究一番。

一天，他去了瑕丘（兖州治所，在今山东省兖州市东北部）的一家书院，见儒生们正争相发表自己的政见，讨论异常热烈，李白忍不住参与进来。儒生们一看是个陌生人，都把目光投向他。有个儒生询问李白有何高见，李白立马口如悬河、高谈阔论一番，不仅自信满满，言语还颇放诞不羁。儒生们对他的远大志向嗤之以鼻，进而发出放肆的嘲笑。李白强压怒火反问那个提问的儒生有何政治主张和治国方略，他却茫然以顾、不知所云。李白受到羞辱十分气恼，回到家中依然怒气未消。为泄心头之忿，他挥毫写下《嘲鲁儒》：

> 鲁叟谈五经，白发死章句。问以经济策，茫如坠烟雾。足著远游履，首戴方山巾。缓步从直道，未行先起尘。秦家丞相府，不重褒衣人。君非叔孙通，与我本殊伦。时事且未达，归耕汶水滨。

李白嘲笑"鲁儒"只会死读四书五经，不仅迂腐透顶，其外貌举止也很可笑。他们正是叔孙通讥笑的那一类"不知时变"的"鄙儒"。他正告道：正像秦代那些儒生们的可悲遭遇一样，你们这类人断然得不到朝廷的器重；我虽然也信奉儒学，但要效法叔孙通，干一番辅弼朝廷的事业，绝不与你们为伍。你们既然对时务一窍不通，那么就请回到汶水老家种田去吧！

李白并不反感所有儒生，实际上他最初在东鲁的主要活动就是访友、揽胜、结交儒生，诸如孔巢父、韩准、裴政、张叔明、陶沔等人。他们隐居在泰安徂徕山下的竹溪，常聚会纵酒酣歌，啸傲泉石、举杯邀月、诗思涤荡，颇有隐士与逸民的遗风，性之所至，高风绝尘。因此，当时人们送给他们一个雅号——"竹溪六逸"。

东鲁的道风很盛，但李白显然不是为寻求道法而来，甚至未曾见他到崂山、蓬莱那样的地方一游。可能出于经济来源考虑，而且稚男幼女无人照管，李白逐渐生出续弦之意。他很快认识了前朝官吏刘金马的曾孙女刘氏，据说刘氏守寡后回娘家住。李白交友出手阔绰，为人豪迈，且才华横溢，刘氏对李白颇有好感。刘氏花容月貌，李白一见倾心，不久后他们便同居一处，有了夫妻之实。可是，共同生活一段时间后，刘氏发现李白虽有满腹才华却没有官职，徒有虚名；整天呼朋唤友，饮酒作乐，却没有一个朋友在仕途上帮他。

李白认为刘氏看不起自己，非常生气，两人之间逐渐生出许多嫌隙。李白还写诗指责刘氏不可理喻、目光短浅。

从当前现状看，李白这一生可能就这样了，不只刘氏这么看，他的许多朋友都有同感。可李白依然对自己有信心，"天生我材必有用"，一切只等时来运转。

开元二十九年（741年），朝廷颁诏，命各州县遴选道门精英参加由玉真公主和朝廷相关省部寺监①主办的祭祀太上玄元皇帝老子大典。诏中说："前资官及白身人有儒学博通、文辞秀逸及军谋武艺者，所在具以名荐。"这个活动不仅仅为弘扬道教，也是为唐玄宗开创"开元盛世"歌功颂德，为改年号祈福，望天降祥瑞。因此需要许多道士、文士参加活动，并写颂词赞歌。李白得知这一消息后非常兴奋，日夜赶写诗赋。他的好友元丹丘和在南阳结交的道友吴筠皆参加这次盛典，可惜他没能得到这个机会。他托道友吴筠带去自己的一大卷诗赋呈给玄宗皇帝和玉真公主，其中有《蜀道难》《乌栖曲》《大猎赋》等。尤其是新作的一首《玉真仙人词》，虽然没有为唐玄宗歌功颂德，却恰到好处地赞扬了玉真公主。

　　玉真之仙人，时往太华峰。

　　清晨鸣天鼓，飙欻腾双龙。

　　弄电不辍手，行云本无踪。

　　几时入少室，王母应相逢。

全诗运用比喻手法盛赞玉真公主仙风道骨，用"往、鸣、腾、弄、行、逢"等动词，显示这位"仙人"行迹飘忽、行为不凡。玉

---

① 唐朝政治制度的核心为三省、六部、九寺、五监。

真公主看后会有怎样的感受不得而知，可以肯定的是她接受了这样的奉承。

742年，唐玄宗改年号为"天宝"。四月，吴筠来东鲁云游，邀请李白同游。李白的兴致似乎不高，但他还是答应奉陪。他们先登泰山，再东去崂山。李白的居处离泰山较近，此去他一口气写了一组共六首诗。这组诗假设了几个时间段，依序把游览过程和各处景物写得很细致。第一首写道：

四月上泰山，石屏御道开。六龙过万壑，涧谷随萦回。马迹绕碧峰，于今满青苔。飞流洒绝巘，水急松声哀。北眺崿嶂奇，倾崖向东摧。洞门闭石扇，地底兴云雷。登高望蓬瀛，想象金银台。天门一长啸，万里清风来。玉女四五人，飘摇下九垓。含笑引素手，遗我流霞杯。稽首再拜之，自愧非仙才。旷然小宇宙，弃世何悠哉。

李白虽然把泰山写得非常壮美、气势宏大，但他自己却垂头丧气，"自愧非仙才"，尽管自己没有修道的天分，却也不想留连尘世了。组诗的后几首，他"目揽泰山万象于方寸，驰思结韵于毫端"，以奇幻想象描绘出一个耐人寻味的天上仙界。细细品味，李白游泰山组诗既从表层诗境上展示了泰山山水和神仙仙境之美，深层又蕴含了萦绕在李白心底的矛盾彷徨情绪。他遇事一向愤而不怒，几声叹息，足以体现李白此时郁闷沮丧的精神状态。

入夏，李白东游崂山。崂山是道教名山，位于青岛东部，临黄海，既有峰峦叠翠的空灵、小桥流水的柔韵，又有竹林云海的高洁、道骨仙风的飘逸。这美景足以引发李白的诗兴。但令人不解的是，他首次游览崂山竟没有留下墨迹。据说他写过一首《清平调·咏蟠桃峰》词，并谱曲教道士们咏唱，可惜词已失传。他后来在《寄王屋山人孟大融》一诗中写到"我昔东海上，劳山餐紫霞"，句中的"昔"当是指此次崂山之游。

八月初，李白东游归来时，一个特大喜讯从都城传来：玄宗皇帝亲颁诏书，命李白择日进京待诏。李白心花怒放，喜不自胜，满身的疲惫、满腹的郁气皆一扫而空。他不待择日，立刻回家与儿女告别。临行，写下《南陵别儿童入京》：

白酒新熟山中归，黄鸡啄黍秋正肥。呼童烹鸡酌白酒，儿女嬉笑牵人衣。高歌取醉欲自慰，起舞落日争光辉。游说万乘苦不早，著鞭跨马涉远道。会稽愚妇轻买臣，余亦辞家西入秦。仰天大笑出门去，我辈岂是蓬蒿人。

从诗中可看出，得知喜讯后，不仅李白兴高采烈，全家人都很高兴，像过节似的，充满欢快气氛。尤其是诗末两句，把李白神采飞扬、时来运转的得意形色表现得淋漓尽致。

是啊，四十二年了，终于盼来这一天！李白在喜悦的同时，又有"苦不早"之感慨，这正是诗人曲折复杂心情的真实写照。

文章献纳麒麟殿

　　正所谓"春风得意马蹄疾"，李白"著鞭跨马涉远道"，于天宝元年（742 年）八月底再入长安。李白对京都太熟悉了，长安的大街小巷都曾留下他的足迹，不少地方还残留着他的泪水。如今重返长安，那些宫殿楼阁还是那般华丽、高大、气派，只是李白不再痴迷地仰视了，他静静地等候皇帝宣召赐封。

　　这天，李白正在长安紫极宫道观观览，不巧碰到太子宾客、银青光禄大夫兼正授秘书监贺知章（人称"贺监"）。李白早就拜读过贺老前辈的诗文，这次相遇，赶忙上前拜见。贺知章对李白也有所耳闻，因为李白的不少诗作在京城流传已久。贺、李二人一见如故，相谈甚欢，李白把刚修改完成的《蜀道难》献给贺监看，只见开篇写道："噫吁戏危乎高哉！蜀道之难难于上青天！"随着这震撼千古的一声长叹，李白用他的生花之笔把实地景物与历史神话巧妙融合，挥洒出一幅壮丽奇险的蜀道山水图卷。"蚕丛及鱼凫，开国何茫然！尔来四万八千岁，不与秦塞通人烟。西当太白有鸟道，可以横绝峨嵋巅。地崩山摧壮士死，然后天梯石栈方钩连。上有六龙回日之高标，下有冲波逆折之回川。黄鹤之飞尚不得过，猿猱欲度愁攀援。青泥何盘盘，百步九折萦岩峦。扪参历井仰胁息，以手抚膺坐长叹。问君西游何时还？畏途巉岩不可攀……"

贺知章读到这里，大声惊呼："难道你是天上的仙人下凡？"当他读完全篇后，直接称呼李白"谪仙人"。他拉着李白的手到酒楼喝酒畅叙。二人一边饮酒，一边评议当今文士，越谈越投缘，都有相见恨晚之感。他们痛饮数杯尚未尽兴，贺知章唤店家拿酒来，却发现酒钱不够，于是解下身上佩带的御赐小金龟给了店家。京城此后便传出"金龟换酒"的佳话，令"谪仙人"一夜之间名震长安。

因先有玉真公主的举荐，后有贺监以自己的名望"复荐之于帝"，李白终于获得玄宗皇帝的赏识，被传召入宫。李白入宫见驾时，在宫门外恰遇玄宗乘鸾辇出宫。听报李白觐见，玄宗皇帝竟"降辇步迎，如见绮、皓"。

玄宗皇帝在金銮殿召见李白，与他谈论时事国政，李白先前呈送过《大猎赋》，现又献上颂文一篇，正如贺监所言，玄宗一见李白天资爽朗，有飘然若仙的风采，看过颂文又觉得其文采斐然。他非常高兴，赐赏李白在七宝床上用膳，并亲手为他调匀肉汤。随后降旨授李白为翰林待诏，拟以擢用。

唐时的翰林院是各种艺能之士供职的机构。待诏的首项工作是起草诏制，到唐玄宗时，待诏的职责逐渐变成起草急诏兼撰拟诗文。随时候命，撰写皇帝办公的公文和休闲娱乐的诗赋，便是李白的工作。入职之初，他对这项工作很满意，玄宗皇帝如此信任他，只要好好干，日后定有擢升机会。而且又是常伴君侧，进言献策也十分方便，李白想，自己大展宏图的时机很快就到了。

是年十月，玄宗皇帝前往骊山狩猎。李白首次伴驾出京，异常兴奋。他以为到了展现才能之时，就把自己平日里写的诗文细细整理好，全带在身边。尤其是将《大猎赋》改了又改，准备寻机献策。

骊山秀丽多姿，美如锦绣，素有"绣岭"之称，更有自然温泉喷涌，亦称"人间瑶池"。这里离帝都长安不过四十余里，自秦汉以来，一直是帝王田猎、休闲的胜地。唐初天子田猎，集中于渭川一带，主要是为了精通"六艺"，训练骑马射箭基本功。围猎人员需遵守一套严格的田猎礼制，且区分四季田猎。玄宗皇帝即位后，骊山华清宫（又名"温泉宫"）成为继大明宫、兴庆宫之后的又一政治中心，随着政治空间的建立，这里成为宫廷文学创作的中心之一。华清宫集休沐、求道、听政于一体，渐渐失去了原有的田猎意义。

李白哪里知道这些变化？他以为自己胸怀辅弼天子之志，从猎渭川，可为建立文治武功奠定基础。他骑着御赐的骏马，随着浩浩荡荡的田猎队伍来到骊山脚下。骊山果然名不虚传，自山脚到山腰都修筑了各式亭台，中有抄手游廊相连，廊柱和檐角上系有各色绸带，并有宫女数人着绯色轻纱穿行其间。这景象与他想象的沟壑丛林、旌旗猎猎、君臣驰马追逐的场景大相径庭。

因初次伴驾，李白不敢多问，他找了个机会向玄宗帝进言，提出《大猎赋》中的政论精华。此时的玄宗哪有心情听他讲经纬韬略，早令人在华清宫周围的一片石榴树下广摆宴席，他要一边饮酒一边欣赏歌舞。席间自然少不了要文士、道士作歌谱曲为乐。李白之前多作七言、五言古体诗，也写过不少乐府旧题诗，以及杂言诗、律诗，对讲究曲调、供演唱的曲子则还在学习中。他专心听歌舞伎咏唱，似乎对曲也产生了兴趣。歌舞宴会进行了一个多时辰，待月上梢头，君臣尽欢，酒酣而散。

这样的歌舞宴会几乎天天有，却总不见玄宗传旨狝猎，他只顾带着宠妃杨玉环四处闲走，似乎心上并没有猎狩这回事。过了几天，玄宗皇帝传旨，赐群臣汤沐。李白起初觉得是皇恩浩荡，被那温泉水一泡，顿时激发出灵感，写下《侍从游宿温泉宫作》：

> 羽林十二将，罗列应星文。
> 霜仗悬秋月，霓旌卷夜云。
> 严更千户肃，清乐九天闻。
> 日出瞻佳气，葱葱绕圣君。

这是一首五言律诗，在李白的前期创作中律诗比较少见。这是李白第一次写诗赞美玄宗皇帝，不仅皇上高兴，皇上的宠妃杨玉环也对李白有了好感。从另一首诗《温泉侍从归逢故人》中可以看出他此时确实广披皇宠：

> 汉帝长杨苑，夸胡羽猎归。
> 子云叨侍从，献赋有光辉。
> 激赏摇天笔，承恩赐御衣。
> 逢君奏明主，他日共翻飞。

诗中借汉武帝携扬雄围猎、扬雄作《羽猎赋》的典故托古喻今，显而易见，李白在炫耀自己献赋承恩——皇帝很欣赏他的文采，赏赐了宫锦袍。他非常高兴得意，并希望能与故交共享荣宠。

这次侍驾田猎，李白终于明白他在玄宗皇帝身边能做什么。回皇城后，他开始研习颂词、宫廷曲等，以供帝妃和文武百官品玩助兴。一天傍晚，李白在皇宫附近闲逛，不远处的林间突然传来丝竹声，悦耳如仙乐，细听之下，还有女子和乐而歌，那女子的声调婉转，唱的是"伴洛妃，凌波神渚；动巫娥，行云高唐。音和态宛转悠扬，更泠泠节奏应宫商。"想来是宫廷乐《霓裳羽衣曲》。回家后，李白开始仿作，尤其是《清平调》为他锦上添花。

天宝二年（743年）暮春，兴庆宫园内的牡丹花开得正艳，紫红、浅红、全白，各色相间，煞是好看。一群宫女簇拥着玄宗帝和杨贵妃游兴庆宫赏花，照例少不了安排歌舞助兴。名乐师李龟年和他的歌舞班子随游。玄宗皇帝觉得听腻了那些陈年旧曲，想换换调儿，于是遣人传唤李白。玄宗皇帝让李白一起赏花，然后同去花萼相辉楼，命他以牡丹为题谱几曲新词。

李白写诗作赋，一向随意，自由开放、奇思妙想，而现在要写"命题作文"，心里有几分不快，灵感顿失。然而，宫苑里的牡丹实在开得灿烂，李白想到刚才赏花时贵妃嗅花的情形，他脑中立刻幻化出一幅图景：贵妃美似牡丹，还是牡丹美如贵妃？李白抓住这一瞬间的感想，一组诗句援笔立成：

其一

云想衣裳花想容，春风拂槛露华浓。

若非群玉山头见，会向瑶台月下逢。

其二

一枝红艳露凝香，云雨巫山枉断肠。

借问汉宫谁得似，可怜飞燕倚新妆。

其三

名花倾国两相欢，长得君王带笑看。

解释春风无限恨，沉香亭北倚栏干。

唐玄宗看了这组《清平调词三首》后十分满意，当即令梨园弟子奏起丝竹，李龟年展喉而歌。诗中清新自然的佳句都是赞美杨贵妃的，她拿着七宝杯，倒上西凉州进贡的葡萄美酒，边饮酒边赏歌，不觉喜上眉梢；唐玄宗一见越加兴致盎然，忍不住也亲自吹起玉笛来助兴。自此以后，玄宗皇帝"顾李翰林尤异于他学士"。

　　因玄宗皇帝的推崇，李白的新词和他之前的名篇从长安城迅速飞传至全国各地。李白的"粉丝"纷纷来信，希望得到李白的一首亲笔。其中有个"粉丝"名叫杜甫，他的要求特别强烈，一连写了四五封信来，除了想得到李白的诗，还望能见上一面。只可惜李白一下子无法满足崇拜者的要求。

　　李白成了皇宫中新晋的红人，皇帝的赏赐尚且享用不尽。此后，他几乎成为宫词的职业写手。《宫中行乐词八首》《白莲花开序》等都是他的杰作。《白莲花开序》作于天宝二年夏天。一天，玄宗与妃泛舟白莲池上，放眼远眺，千万朵白莲纷纷迎风招展，与一池碧水交相辉映，别有一番风情。玄宗一时兴起，便传李白前来以赏荷为题作诗留念。李白这天的心情也很舒畅，恰好又遇上一位故人，二人高兴，一起开怀畅饮，竟喝得熏熏欲倒。前来传旨的内侍见此情形有些犹豫不决，但圣意难违，他问李白是否还能作诗。李白回答"再饮三百杯，会写得更好"。显然，他已经醉了，但还是被内侍搀扶着带到殿前。李白用池水拍脸，依然昏沉，他醉眼迷蒙连莲花的颜色都看不清楚，只得勉强写成一篇《白莲花开序》。他笔下的白莲花远逊色于牡丹。玄宗皇帝与贵妃看了嬉笑一阵，见李白醉成这样，也没有怪罪于他。

　　此事传出后，玄宗皇帝与贵妃对李白的宠爱可谓众人皆知，李白也由此被称为"醉仙"。李白作词，除了表达赞颂之外，也写道宫妇之怨，如《宫中行乐词八首》其二：

柳色黄金嫩，梨花白雪香。

玉楼巢翡翠，金殿锁鸳鸯。

选妓随雕辇，征歌出洞房。

宫中谁第一，飞燕在昭阳。

美人如赵飞燕姐妹虽受尽恩宠，却也只能被锁深宫，她们展现美仅仅为讨一人欢心。此外，《春日行》《阳春歌》等诗篇约莫也是陪侍应制之作。

李白最初对这项工作很满意，常炫耀于人前，甚至态度轻佻。他在《效古二首》其一中写道：

朝入天苑中，谒帝蓬莱宫。青山映辇道，碧树摇苍空。谬题金闺籍，得与银台通。待诏奉明主，抽毫颂清风。归时落日晚，躞蹀浮云骢。人马本无意，飞驰自豪雄。入门紫鸳鸯，金井双梧桐。清歌弦古曲，美酒沽新丰。快意且为乐，列筵坐群公。光景不可留，生世如转蓬。早达胜晚遇，羞比垂钓翁。

此诗稍显直白，得意之情溢于言表，几于忘形，可见李白十分享受自己获得玄宗皇帝的恩宠。

五月，元丹丘奏请离开京师回颍阳，李白单骑送行。他们一路攀谈，李白送了一程又一程，一直送达华山仍不肯分离。于是，他们同登华山，上到北峰，李白作《西岳云台歌送丹丘子》给朋友壮行：

西岳峥嵘何壮哉，黄河如丝天际来。黄河万里触山动，盘涡毂转秦地雷。荣光休气纷五彩，千年一清圣人在。巨灵咆哮擘两山，洪波喷箭射东海。三峰却立如欲摧，翠崖丹谷高掌开。白帝金精运元气，石作莲花云作台。云台阁道连窈冥，中有不死丹丘生。明星玉女备洒扫，麻姑搔背指爪轻。我皇手把天地户，丹丘谈天与天语。九重出入生光辉，东来蓬莱复西归。玉浆傥惠故人饮，骑二茅龙上天飞。

　　李白把华山、黄河描绘得气象万千、雄伟无比，将奇伟的山水和优美的神话巧妙结合，加以丰富的想象，创造出奇幻飘逸的境界。既抒写了大河奔腾之壮丽豪情、高山仰止之真实情感，也赞美元丹丘宏阔高远的人生境界。李白与元丹丘情志相投，友谊深厚，但眼下两人走的路不同。元丹丘看破红尘，飘然而去，而李白此时还沉浸在仕途通顺的志得意满中。

气岸遥凌豪士前

　　翰林待诏李白受诏的次数越多，隆宠越盛。李白的应制之作大都在侍宴、游园和庆典之时，应酬奉承有余，而真情实感不足，这对一个真性情的人来说是件痛苦的事情。他表面上放浪形骸，虚度大好光阴，心里却愈加苦闷。倘若十多年前李白就能被玄宗皇帝赏识的话，或许还能"申管、晏之谈""济苍生、安黎元"，辅佐王业。但如今玄宗皇帝认为大业已成，应该好好享受新生活，李白只能徒叹"苦不早"。京城的皇亲国戚、达官贵人在皇帝的影响下，也都尽情享受"开元盛世"的成果，不思进取，整日以花天酒地、寻欢作乐、宠幸伶人为业，李白竟不能幸免。闲来无事，他常到长安周边登览游玩，还曾再次登临终南山，回顾自己的奋斗史。众多休闲活动中，李白感到最痛快的还是喝酒。他在以酒交友时，乐于结交那些个性鲜明、放荡不羁的人物。当时京城有八个特别好酒且特别能喝酒的人，他们组成一个"喝酒俱乐部"。汝阳王李琎、集贤院学士贺知章都位列其中，此外还有李白、李适之、崔宗之、张旭、苏晋、焦遂，时人称为"饮中八仙"。他们常聚在一起彻夜欢饮，他们的逸事成为长安一大掌故。

李白嗜酒的名声传出去后，他的居所前门庭若市，小到昔日有故交的七八品小官，大到当朝王公、宰相、学士，都费尽心思为他搜罗各式美酒。有的差家丁送到门前，有的主人亲自送来，他们冲着李白"酒仙"之名，一定要陪李白一醉方休。还有的是酒家送酒，他们希望借李白的"酒仙"之名，巴望他能在某次赋诗时为自己的酒美言几句。

大同殿是李白上班的地方，内有多位翰林待诏，平时工作比较少，而且有些工作原本属于中书省，现在两家干一样的活，有些官员闲下来便四处寻乐，或者找李白谈天赋诗等。大同殿简直成了李白的招待办，这引起翰林院学士张坦的极端不满。他想状告李白却又投诉无门，只得把这股子闷气憋在心里。

实际上，李白也不愿过这种闲散生活，他一直盼望玄宗皇帝给他派点正经活。不久，玄宗皇帝交给李白一个严肃的工作——起草一份《出师诏》。这恐怕是李白唯一值得一提的政绩了。

天宝二年（743年），原本向唐朝称臣的南诏政权与唐朝地方政府发生冲突，国舅杨国忠极力主张征讨南诏，以武力压服。朝廷众大臣经过数次争议，最终议定按杨国忠所请募兵出征。募兵虽然强化了将帅的指挥权，但军队的装备、粮饷都由国家提供，大大增加了国家财政开支。军队招募齐后，玄宗皇帝为鼓舞将士出征，需要一篇气势磅礴、扬大唐国威的诏书，这一重任就落在李白身上。李白虽早有仗剑报国、驰骋沙场之心，却并不赞同朝廷举兵开战，尤其反对李林甫擅政和杨国忠这样的外戚执掌兵权。但皇命难违，且事关军中大事，李白岂敢敷衍搪塞？不巧的是，玄宗皇帝差人传唤他时，他正与汝阳王李琎等人一起喝酒，筵席上觥筹交错，众人都酒至半酣。内侍传皇帝口谕，李白一听知道此事重大，连忙放下酒杯，将衣冠稍作整理，迅速前往麟德殿。

麟德殿位于大明宫的西南侧，是皇帝接待宾客、饮宴群臣及游乐、祈福的专用宫殿。平常大殿没有什么人，因这天玄宗皇帝与贵妃在此招待国舅等人，有些乏了，李白便被召到这里。

李白跨进麟德殿时，发现偌大的宫殿里仅玄宗皇帝、杨贵妃、杨国忠、高力士几人。宫殿的大气、庄重、高雅，更让人备感静谧、威严和神圣。龙座旁的几案已被清空，整整齐齐摆上了文房四宝。李白快步近前，正欲行跪拜礼，还未俯身，就被玄宗托住了双臂。李白诚惶诚恐，再整衣冠，然后站于案前。静思片刻，李白便文思泉涌，伏案疾书。李白一生都幻想着自己如何在战场上驰马挥剑、杀敌立功，现实中他没能实现这一宏愿，但此时他将想象的壮美图景展现于笔端。他将大唐江山纳入胸怀，滔滔千里，一泻而下，似乎进入忘我之境。

正写着，李白突然大叫一声"磨墨来"。原来砚台里的墨已用尽。玄宗皇帝站在李白身旁一边看一边默读，渐渐有些入迷了，听到李白的叫声他吃了一惊，马上回过神来。环顾大殿，只有五人，玄宗帝用眼神示意，命杨国忠磨墨。杨国忠极不情愿地拿起墨块，用力在砚台里磨了几下。李白发现写出来的字粗细不匀，又叫道："再磨！"李白沉浸在文句中，不觉抬高音量，竟把杨国忠吓了一跳。他狠狠瞪了李白一眼，按捺住火气细细研磨。

李白写到大半已汗透衣背，又觉得脚也不舒适。他见高力士站在一旁自顾凉快，便想借机捉弄他一下。高力士是玄宗皇帝最宠信的太监，不但任大明宫的宦官总领，在后宫拥有绝对权力，而且还是骠骑大将军。他恃宠而骄，常干预朝政，压迫大臣，阴险狡诈，贪赃枉法。早在开元十九年（731年），他就陷害过玄宗皇帝信任的大臣王毛仲。那时，王毛仲喜得贵子，玄宗派高力士前往看望，并赐其子五品官衔。当时高力士与王毛仲争宠激烈，回到宫中，他歪曲事实，向玄宗进谗言道："那个王毛仲嫌皇上封赏的五品官小，说他的儿子为什么不能像高力士一样封个三品？"玄宗听后火冒三丈，立即将王毛仲贬到永州，等他刚走到永州时，高力士又蛊惑玄宗皇帝下旨将他赐死。可怜一代功臣竟无端惨死在阉人之手。李白知悉高力士的诸多劣迹，对此人十分痛恨，但在朝中却要对他摧眉折腰、恭恭敬敬。他很清楚自己地位低下，远不能与杨、高等权臣抗衡，但至少可以借机出口恶气。于是，他往椅上一坐，仗着几分酒意，径自把脚往上一抬，吩咐高力士："帮我把靴脱了。"李白一言既出，却没见动静，抬头一看，正对上高力士目露寒光。高力士一贯在朝廷内外作威作福，没想到李白会突然袭击、借机羞辱他。玄宗皇帝正专心斟酌李白写的诏文，忽略了其他宫女、内侍都被宣退殿外，只挥了挥手，示意高力士照做。高力士不禁心中暗骂李白，却还是遵旨办事，为李白脱了靴。

李白再提笔疾书，前后不过一盏茶的工夫，一篇洋洋洒洒的《出师诏》便写成了。玄宗皇帝粗略一看，只觉得大气磅礴、气象万千，更兼李白的字瘦劲有力且不乏仙姿，倒是连誊抄的功夫也免了。玄宗大喜，夸赞李白是旷世奇才，当即赏赐绫罗绸缎百匹、白银千两。

李白虽然得了重赏，却怎么也高兴不起来，他冷静细思，觉得自己太冲动，一下得罪了朝中最有权势的两个人，只怕往后就没有好日子过了。但他并不后悔，并及早做好了思想准备。他写了一首长诗《金门答苏秀才》表明心迹：立足于现在，待诏金门还算顺心；展望未来，也可像苏秀才一样归隐仙境。他依然充满乐观主义精神。

"磨墨"和"脱靴"事件传出后，那些平素害怕杨国忠、高力士的人对李白大加吹捧，结果又惹得中书省、翰林院的很多人攻击李白的言行。他们要巴结权臣，尽早与李白撇清关系。他们状告李白桀骜不驯、目中无人、行为放纵、酒后失态失言误事，但这些都不足以让李白受到严厉责罚，因为玄宗皇帝比他们更了解李白的德行，他并不在意。皇上宽宏大量，但高力士却是睚眦必报之人，他已打定主意要将李白赶出长安。要达此目的，首先得让李白在皇上和贵妃面前失宠，他思来想去一时找不到好办法。有一天，翰林院学士张垍进宫面圣，正好在殿外遇见高力士。他立刻抓住机会为高力士受"脱靴"之辱鸣不平。当他得知高力士还没有雪耻之法时，又急忙献上一计——向杨贵妃重新解读《清平调词三首》。

高力士听了张垍的解读之法，如获至宝。他静待时机，有一天，杨贵妃传李白写词，他便乘机进谗言说李白用诗愚弄贵妃和皇上。他在写"借问汉宫谁得似，可怜飞燕倚新妆"一句时，特意用手轻点"飞燕"二字。那赵飞燕虽有倾城美貌，却是祸国殃民的红颜祸水啊。李白把贵妃与赵飞燕相比，这不是对贵妃极大的讽刺吗？杨贵妃一听，怒上心头，她相信狂妄不羁的"李大胆"做得出来。贵妃从此不再信任李白，对他的不满也逐渐生出七八分。

除了贵妃，李白又是怎样得罪了中书省的人呢？其实他与中书省的官员并没有纠葛。中书省是朝廷的机要部门，下设多个专门机构，其中包括专典诏命。如果说李白有什么地方得罪中书省的话，那就是抢了中书省的工作。但这怪不得李白，他能接触到军政机要文书是奉皇命而为。当然，这不是矛盾的关键。后听说玄宗皇帝准备擢升李白为中书舍人，还没等正式任命，中书省就炸开了锅，他们担心把一个酒徒放到机要部门，会因喝醉酒而泄露朝廷机密。还有人趁机指诬李白泄露皇帝私密。唐玄宗听了诬告，心里不禁起疑：不管以前有没有泄露过什么，但李白确有可能因饮酒泄密。加上贵妃在一旁劝说玄宗，结果玄宗不仅没有提拔李白，反而开始疏远他，也很少传唤他写诗填词了。

又到了田猎的时候，玄宗皇帝像往年一样，带着大队人马开往骊山。但这次却没有让李白伴驾。李白很明白，自己不再受宠。他怅然若失，心情沉闷，作一首《上之回》，叹己不幸。

三十六离宫，楼台与天通。阁道步行月，美人愁烟空。恩疏宠不及，桃李伤春风。淫乐意何极，金舆向回中。万乘出黄道，千旗扬彩虹。前军细柳北，后骑甘泉东。岂问渭川老，宁邀襄野童。但慕瑶池宴，归来乐未穷。

李白明写美人失宠，实则以美人自况。借汉武帝讽唐玄宗，汉武帝所企慕的只是神仙之道，在神仙所居的瑶池挥觞宴饮，纵享仙界之乐，归来还沉醉其中，余兴不尽。其忧患是深沉的，而全诗的风格依然是"悲欢含蓄而不伤，美刺婉曲而不怨"。

赐金还山

　　天宝二年（743年）冬，李白的好友王炎前往蜀地求职。李白、陆调一起为他饯行。在酒宴上，王炎戏称此行要找西汉严君平那样的高人算上一卦，看看自己官运如何。显而易见，王炎情绪低落，对前景信心不足。可他还是执意入川碰碰运气，并恳请李白介绍蜀中的风土人情。李白面露悲戚之色。他在蜀地生活了二十余年，那是他魂牵梦萦的家乡，山美水也美，可是进川出川多么不易，他出川已近二十载也难得一回。朋友此去山高水险，路途坎坷，且前途难卜，他不知该如何劝慰好友。低头沉思良久，一口气吟出两篇诗赋。一篇《剑阁赋》侧重状写巴蜀奇山异水，以及思归难归的无奈；另一首五律《送友人入蜀》则进一步提出劝诫：

　　　　见说蚕丛路，崎岖不易行。
　　　　山从人面起，云傍马头生。
　　　　芳树笼秦栈，春流绕蜀城。

升沉应已定，不必问君平。

李白再次亲切地叮嘱友人：你已听说了蜀道崎岖险阻，路上处处层峦叠嶂，跋山涉水不易通行，所以劝你三思而行。语调平缓自然，恍若两个好友在侃侃而谈，感情诚挚而恳切。王炎怀着追求功名富贵的目的入蜀，因而李白劝诚朋友，不要沉迷于功名利禄之中，也不要久留蜀地，望他早日回归长安。细细品读这两首诗作，它们既是李白的离别赠言，又是对自己在蜀地亲身经历的慨叹。

陆调为了冲淡这种低沉伤感的气氛，建议大家吟唱几首坊间曲子来助酒兴。王炎素来擅琴，一柄家传的玄色古琴更是从不离身。他摆好琴，席地而坐，整顿衣襟，两根手指自琴弦上微微一拨，便起了一个极高极陡的颤音，似弓箭疾发，又似高山耸立。跌宕起伏的琴声让人想象出那群峰如剑，山势悬崛，连山耸立，奇丽惊险，更有大大小小的瀑布飞挂其间，远远望去，仿佛一道道水流高悬于天际。那遥远的地方，是李白日夜魂牵梦萦的故乡啊。

曲子弹到一半，陆、李二人都听出来，这首曲子是用《蜀道难》作词仿民谣调谱写而成。王炎早把李白的《蜀道难》背得滚瓜烂熟，并谱了曲。陆、李便跟随琴韵吟咏起来。待整首吟完，李白回转过身，只见王炎坐在古琴旁泪水涟涟，陆调也隐有悲戚之色。此情此景，让李白莫名感动，随之泪下。

岁月如梭，转眼间已是天宝三年（744 年），李白在京城已经度过三年的待诏时光。随着时间推移，李白越来越觉得从政希望渺茫，越来越心灰意冷。正月，贺知章上疏奏请度为道士，同时恳请告老还乡，归隐四明山（今浙江省宁波市西南）。贺监确实老了，在"饮中八仙"里，他是最年长的。有一次，数仙同饮，贺监喝醉了。回程途中他骑着马就像在江河上乘船一样摇晃不定，突觉老眼昏花，从马上掉进枯井，他干脆在井底睡着了。于是便有了"知章骑马似乘船，眼花落井水底眠"[1] 这样的诗句。

玄宗皇帝批准了贺监所请。离京那天，太子率朝中百官在长安东门外为他设宴饯行，场面盛大而感人。李白在宴会上写下一首七言律诗《送贺监归四明应制》，与贺监钱别。因是应制之作，不能充分表达他与贺监的深情厚谊。宴会后，李白又写了一首《送贺宾客归越》：

镜湖流水漾清波，狂客归舟逸兴多。

山阴道士如相见，应写黄庭换白鹅。

李白在此诗的遣词用典上信手拈来，看似平淡，实则把贺知章的性格、喜好、才华形象生动地展现出来，体现出明人陆时雍在《诗镜总论》中主张的"深情浅趣，深则情，浅则趣"之理，其中蕴含的情韵和诗人内心的凄楚十分深沉饱满。

"狂客归舟"，李白虽然恋恋不舍，却由衷为他高兴。他在长安失去了一位知音、酒友和支持者，心底的凄楚、孤独感是他人难以体会的。他也想像贺监那样就此归隐而去，但心里又十分不甘，于是寄希望于美酒，以得到暂时的宽慰，排遣寂寞。他写下组诗《月下独酌四首》。诗其一这样写道：

花间一壶酒，独酌无相亲。举杯邀明月，对影成三人。月既不解饮，影徒随我身。暂伴月将影，行乐须及春。我歌月徘徊，我舞影零乱。醒时同交欢，醉后各分散。永结无情游，相期邈云汉。

---

① 出自唐代杜甫作《饮中八仙歌》。

这一首流传最广，也最通俗易懂。李白正处于官场失意之时，政治理想无法实现，心情孤寂苦闷，但他把这种糟糕情绪写得风轻云淡，仿佛在花丛间摆上一壶酒、邀明月与影子共饮时，他就回到了自己的内心世界。但他从酒中领略到的不是快乐，而是无处诉说的愁苦孤独。

在李白的生命里，酒和月随时随地伴随着他，欢乐也好愁苦也罢，都能形象地寄托在月色中、酒杯里。李白和留在京城的那些酒友们依然相聚豪饮，不醉不归。只有在酩酊大醉之际，李白才能忘却"待诏金门"的不快。此时的李白对自己的理想目标依然抱有希望，他像一个远游找不到归途的赤子，一边叹息"行路难"，一边又激励自己"长风破浪会有时"。在此矛盾心理作用下，他再作一首七言歌行《行路难》：

金樽清酒斗十千，玉盘珍羞直万钱。停杯投箸不能食，拔剑四顾心茫然。欲渡黄河冰塞川，将登太行雪满山。闲来垂钓碧溪上，忽复乘舟梦日边。行路难，行路难！多歧路，今安在？长风破浪会有时，直挂云帆济沧海。

此诗是七言歌行中的短篇，虽然只有十多句，却是李白的内心独白，准确传达出进退失据但要继续探索追求的复杂心理，表现了李白强烈苦闷、愤郁和不平的心理状态。层层叠叠的感情起伏，既充分显示了黑暗污浊的政治现实对雄心壮志的李白的阻遏以及他内心强烈的苦闷、愤郁和不平，同时又突出了李白的倔强、自信和他对理想的执着，展示了他力图摆脱苦闷的强大力量。

是年仲春，李白在长安郊外的灞陵，最后一次送别友人，看着老友离去的背影，李白心里有千言万语却说不出半句，老友那句朝廷亦不复往日的劝告犹在耳边。他作《灞陵行送别》，写道：

送君灞陵亭，灞水流浩浩。上有无花之古树，下有伤心之春草。我向秦人问路歧，云是王粲南登之古道。古道连绵走西京，紫阙落日浮云生。正当今夕断肠处，骊歌愁绝不忍听。

长安的春天本该洋溢着勃勃生机，可在李白这首诗中却是一派萧杀之气，无花古树、伤心春草、古老的西京、连绵的古道、紫阙落日的浮云，好一幅感春断肠图，令人读后黯然神伤。

李白做了两年多待诏后，发现玄宗皇帝欣赏的仅仅是他的文采，对他只不过是"倡优蓄之"，侍宴、侍游、侍浴，歌功颂德，点缀太平。玄宗皇帝从未给过他"申管、晏之谈""济苍生、安黎元"辅佐王业的机会，以后也不会给。他已认识到国家繁荣的景象之下，正蕴藏着深重的危机。那些围绕在皇帝身旁的宦官、外戚专横跋扈，骄纵放肆，他们如乌云一般笼罩着长安和整个国家，给李白强烈的压抑感。在无数个挣扎徘徊的夜里，在一次次希望落空后，看着这座华丽却冰冷的宫殿，李白终于下定决心离它而去。他再次长叹一声，作《行路难》其三：

有耳莫洗颍川水，有口莫食首阳蕨。含光混世贵无名，何用孤高比云月？吾观自古贤达人，功成不退皆殒身。子胥既弃吴江上，屈原终投湘水滨。陆机雄才岂自保？李斯税驾苦不早。华亭鹤唳讵可闻？上蔡苍鹰何足道？君不见吴中张翰称达生，秋风忽忆江东行。且乐生前一杯酒，何须身后千载名？

李白似乎想通了，放弃了，不再妄图权位与虚名，他完全赞成张翰唯求适意的人生态度，尽情享受当下才是最重要的。"且乐生前一杯酒，何须身后千载名"这句话被后世无数失败者奉为圭臬，而对李白而言，显然这是自我慰藉、自我疗伤之法。除此之外，又能如何？

李白在诗中，极少提及他遭人诬告诮毁之事，或许是不知何人诬陷他，或许是不敢明目张胆指责。只有在《玉壶吟》中，他才借典故一伸己怨，一泄己忿：

烈士击玉壶，壮心惜暮年。三杯拂剑舞秋月，忽然高咏涕泗涟。凤凰初下紫泥诏，谒帝称觞登御筵。揄扬九重万乘主，谑浪赤墀青琐贤。朝天数换飞龙马，敕赐珊瑚白玉鞭。世人不识东方朔，大隐金门是谪仙。西施宜笑复宜颦，丑女效之徒累身。君王虽爱蛾眉好，无奈宫中妒杀人。

李白在诗中抒写了自己"壮心惜暮年"、抱负无法实现的苦闷，他以东方朔大隐朝堂、东施效颦的典故表现自己鄙视权贵、耻与之为伍的清高孤傲，也侧面反映了当时内心的抑郁和愤慨。

李白宁可不要功名、富贵，也要始终保持独立人格、独特个性，保持心灵的真诚和天性的狂放。"安能摧眉折腰事权贵，使我不得开心颜"，敢叫玄宗皇帝久等，敢叫杨国忠研磨，敢叫高力士脱靴，李白的傲岸洒脱依旧、狂放不羁依旧。身处江湖要谨守天性也许比较容易，身在宫阙、恩宠有加仍不失本性，仍有力量抗拒官场的逢迎扭曲，确实是内心强健。他在《东武吟》中自信过人地写道："才力犹可倚，不惭世上雄。"这就是潇洒豪放的"诗仙"李白。

既然打定主意要走，那就光明正大地走，要和上司、同事打招呼，汇报这两年的工作学习情况，谈谈自己的想法和打算，不能像第一次离京那样落荒而逃。于是，李白写了一首《翰林读书言怀呈集贤诸学士》：

晨趋紫禁中，夕待金门诏。观书散遗帙，探古穷至妙。片言苟会心，掩卷忽而笑。青蝇易相点，白雪难同调。本是疏散人，屡贻褊促诮。云天属清朗，林壑忆游眺。或时清风来，闲倚栏下啸。严光桐庐溪，谢客临海峤。功成谢人间，从此一投钓。

李白以名士的风度，以与朋友谈心的方式，借翰林生活中的快事和烦恼，纾解处境荣宠而理想落空的愁闷，表露"达则兼济天下，穷则独善其身"的初心。这首诗既像一份工作总结，又像一份辞职报告——我本是个疏懒散漫之人，却屡次被促狭之人讥讽。与其这样心绪憋闷，不如功成身退，到水边做个自在的钓翁。

李白去意已决，玄宗皇帝顺水推舟，答应了他的请求。最初李白入仕的途径是文人学士的惺惺相惜、知音的勉励与推举。他一度获得玄宗皇帝的赏识与爱惜，但包括玄宗在内的很多人都不了解他的政治理想。倘若李白继续留在长安为官，以他正直狂傲的个性，他不仅不可能实现理想，反而还可能伤人伤己。玄宗皇帝意识到这一点，只能答应他的退隐请求，并想到"赐金还山"这样体面的处理办法。非致仕也非贬谪，这恐怕是大唐历史上的特例了。

是年初秋，李白手里捧着玄宗皇帝"赐金还山"的诏令，夕阳下，他目含凄迷地向长安投去最后一瞥，心底在哀怨，在悲泣……他无法预知未来，尚未意识到自己正走向心灵的解放，走向历史的深处，一片由他的诗歌创造的辉煌景象正在眼前展开……

第六章

东游西顾

"赐金还山"后，李白寻天师授道箓，成为道士。随后他开始了闲散的漫游生活。这段时期，他步履不停，先后在洛阳、单父、开封、齐州、兖州、宋州、扬州、会稽、金陵、宣州等地停留。他与多位故友重逢，他们或饮酒赋诗、高谈阔论，或相约交游、纵情山水。李白的情感世界也在他的有感之作中展露无遗。

杯中酒尽各自远

天宝三年（744年）夏初，李白怀着悲愤、遗憾、不舍、"羞为无成归"的心情离开长安，踏上了归程。他走走停停，一路痛饮，一路狂歌，经月余才到东都洛阳。洛阳众多文人墨客为一睹李翰林的风采，争相宴请。一些朋友知道他到来，专门设下筵席、寻来好酒，为他接风洗尘。此时此地，李白遇到了杜甫。这年，李白四十三岁，早已名满天下；杜甫三十二岁，进士出身，却是初出茅庐。他们之前未曾晤面，仅杜甫给李白写过几封信。这是他们第一次见面，也是一个历史性的时刻，像一种神圣的仪式，冥冥中仿佛受到某种神谕，谁也不曾预料到，这两位最有才华的诗人相遇后，会将盛唐诗歌推向前所不及的巅峰。

此时的杜甫虽风华正茂，却被官职所累，他二十四岁便中进士，然而被权臣李林甫以"野无遗贤"放空榜，至今仍是一介布衣。他本计划来洛阳碰碰运气，却困在这里。杜甫"性豪业嗜酒"，已有十年漫游的经历，先游吴、越，再游齐、赵，行踪万里，"结交皆老苍"，显得成熟稳重。李白一见他就觉得值得深交。他仿佛从杜甫身上看到时光的痕迹,从"会当凌绝顶,一览众山小"的豪言里,看到了自己年轻时的宏图伟志;从杜甫在洛阳遍谒名士的行迹里,窥见了自己当初遍访诸侯的狼狈。二人志趣相投,谈古论今,推杯换盏,丝毫觉察不到时光的流逝。

次日,杜甫因要料理继母的后事不得不离开,他与李白约定秋后再聚。李白在洛阳盘桓多日再往宋州(别名睢阳郡,治所在宋城)游玩。宋州,一直是兵家必争之地和商贾云集中心,素称"腰膂之地"。李白在平台思古,在梁园凭吊,并写下一首《梁园吟》。一晃又一月过去了。入秋,杜甫风尘仆仆从洛阳赶来宋州梁园与李白相聚。他们携手畅游梁宋(开封、商丘一带)。那些日子,他们寻仙、问道、访友、凭吊、痛饮、狎妓、赋诗、狂歌,留下"醉眠秋共被,携手日同游"① 的佳话。

他们先北渡黄河,一起去名山大川寻仙访道,希望能从道法中获得开悟人生的智慧。王屋山上有仙宫洞天,号"小有清虚洞天",道士华盖君就在洞中修炼。二人来到王屋山求仙问道,不料华盖君已经仙逝。在王屋山阳台观,李白瞻仰了道观内墙上司马承祯亲手所画的巨幅山水壁画,画中山形巍峨,云气升腾,仙鹤起舞,涧壑苍松。想到司马承祯仙逝已近十年,无缘再见,李白遂有感而作《上阳台》四言诗,并亲笔书写成帖,以此来纪念这位大师和忘年交。

他们从王屋山怅然而回,再向东去开封,饱览古都风采后,渡汴水至陈留。这时,寂寂无闻的诗人高适慕李白之名,赶来与他们相会。在梁园游玩期间,这三个落拓失意的才子在一起谈诗论道,狂歌酣饮,击剑傲啸,纵马弯弓,登高望远,怀古慨今,自在逍遥。过了些时日,贾至又加入其中。高适所作《同群公秋登琴台》一诗中的"群公"即包括贾至在内。除贾至在单父(今山东省菏泽市单

---

① 出自唐代杜甫《与李十二白同寻范十隐居》。

县）任县尉外，其余三人都不甚得意，在仕途上屡受挫折。但他们在诗文中并不抱怨自己仕途不顺，杜甫的《遣怀》《昔游》写得慷慨壮烈，高适的《同群公秋登琴台》也是那样雄健奔放、遣词流利。

一次，他们在孟潴（古大泽名，位于单县西南）猎狩，打到不少野味，很晚才返回单父。当夜，他们熏烤野味，狎妓痛饮，通宵达旦。李白当即写下一首《秋猎孟诸夜归置酒单父东楼观妓》：

倾晖速短炬，走海无停川。冀餐圆丘草，欲以还颓年。此事不可得，微生若浮烟。骏发跨名驹，雕弓控鸣弦。鹰豪鲁草白，狐兔多肥鲜。邀遮相驰逐，遂出城东田。一扫四野空，喧呼鞍马前。归来献所获，炮炙宜霜天。出舞两美人，飘摇若云仙。留欢不知疲，清晓方来旋。

此诗生动地描绘了在孟潴围猎的热闹场面和在单父东楼彻夜欢宴的情景。看样子，李白玩得比在长安宫中更加潇洒。李、杜、高、贾等人共同度过了一段豪放而浪荡的日子。杜甫为李白作诗一首，题为《赠李白》：

秋来相顾尚飘蓬，未就丹砂愧葛洪。
痛饮狂歌空度日，飞扬跋扈为谁雄。

杜甫在此诗中似乎是规劝李白要像道家葛洪那样潜心于炼丹求仙，不要痛饮狂歌、虚度时日，实则为李白惋惜，虽有雄心万丈却得不到赏识。全诗言简意赅，韵味无穷。

秋末，高适决定离开梁、宋之地独自远游。天下没有不散的筵席，几个朋友只能就此分别。杜甫回洛阳，贾至归单父，李白将往齐州（今山东省济南市一带）。杜甫陪伴李白数月，临别依依不舍，他们约定了下次聚会的日期。

过了单父后，李白只差一步就到家了，为何他不直接回家，而是北上齐州呢？是因为"羞为无成归"吗？当初李白豪情万丈出门去，如今"五噫出西京"①，悄悄回来却没归家，如此说来，李白是真心羞愧了吗？

路过任城时，李白受到任城县卢主簿的款待。临别，他作诗相赠，题为《赠任城卢主簿》：

> 海鸟知天风，窜身鲁门东。
> 临觞不能饮，矫翼思凌空。
> 钟鼓不为乐，烟霜谁与同。
> 归飞未忍去，流泪谢鸳鸿。

这首诗或许能表明李白的心迹，只有在属于自己的天空里，鸟才能真正自由快意，这是他内心的呐喊。对李白而言，狂歌痛饮是他自我麻痹的一种手段，而纵马游猎则是他疾风骤雨般的一种发泄。他那颗不甘失败的心需要用大醉和狂奔来安抚。可是当他最终清醒过来、安静下来的时候，可怕的空虚再度袭来，他需要寻找一个精神支点。

入冬，李白至齐州紫极宫，请道士高天师如贵授道箓，正式履行了道教入门仪式，从此成为道士。李白终于践行了年少时没人相信的那个誓言，他觉得完成了人生中的一件大事，种种不快都消解了，精神面貌焕然一新。他写了一首长诗《草创大还赠柳官迪》赠给朋友，把太虚幻境着实称颂一番，诗中写道："不向金阙游，思为玉皇客。鸾车速风电，龙骑无鞭策。一举上九天，相携同所适。"

---

① 出自唐代李白《经乱离后天恩流夜郎忆旧游书怀赠江夏韦太守良宰》。

李白飘然置身于自己幻想的浪漫仙界中。他在仕途被阻断后，重新转向另一个目标——修道成仙。

是年冬末，李白送他的授箓尊师高如贵回归北海，并献诗一首《奉饯高尊师如贵道士传道箓毕归北海》，与师道别。此诗借盛赞尊师高如贵道士道根深植，表达对玉京，即道家之天庭的向往之情。

道隐不可见，灵书藏洞天。
吾师四万劫，历世递相传。
别杖留青竹，行歌蹑紫烟。
离心无远近，长在玉京悬。

从齐州至北海（今俄罗斯贝加尔湖一带）路途万里，尊师归去后将"道隐不可见"，所以李白又前往安陵（今河北省景县）向盖寰道士求写道法。李白于年底回家，在两个堂弟的帮助下，他用玄宗帝赏赐的钱在瑕丘东门外泗水西岸置办了一处房产，专设一间作为他修炼之所。然后，又在泗水东岸、龟蒙山之北买了几亩薄田。

大约在冬春之交，李白与本地一位女子仓促成婚。他这时经济较富裕，为了两个孩子，需要把家庭修补完整。这位被李白称为"鲁女"的妻子比较朴实，除了农事劳作，还照顾两个孩子，是一个过日子的人。据说他们育有一子，取名李天然，小名颇黎。但后来不知所踪。

李白把修道的前期工作全部做好后，定下心来专等好友杜甫到来，他们约定的相聚时间就要到了。天宝四年（745年）春末，李白在兖州迎来了访客杜甫。刚一见面，杜甫就发现李白的心情比初见面时开朗很多，但却没有远游的意思。他们在泗水一带游览，便有了"行歌泗水春"的重聚。

东鲁北海郡（今山东省潍坊市一带）太守李邕听说杜甫来到东鲁，立刻派人送来邀请函，请他们到北海一游。李白在二十多年前曾遭到李邕冷遇，如今李白虽然名气很大，又在都城"镀过金"，可谓今非昔比，但李邕仍然更看重杜甫，很早就"求识面"。李白此去可以说是沾了杜甫的光。他们在北海郡聚会，赋诗论道、踏歌饮酒。李邕的文学造诣颇高，其文章宗经尚典、宏辞沉郁，被同时期的诗人王翰标置为"天下文章第一"。他们的聚会可以称得上是一次文学论谈会。

李邕的族孙李之芳任齐州太守，见治内的大明湖历下古亭年久失修，便募资予以修葺，并在鹊山湖畔另建了一座新亭。新亭落成后，李之芳特意邀请齐鲁名士来游，李邕自然在被邀贵宾之列。恰逢杜、李在他这里做客，于是他便邀二人同往，能请这两位诗坛名士出席，无疑会为这次活动添彩。在这次聚会上，李白遇见了在京城认识的老朋友、齐州司马卢象。他和杜甫一起陪同李太守和卢司马泛舟鹊山湖，把酒历下亭，他们之间的情谊也加深了一层。李白一口气写下《陪从祖济南太守泛鹊山湖三首》，其中最有名的是第二首：

湖阔数千里，湖光摇碧山。
湖西正有月，独送李膺还。

鹊山湖水浩渺广阔，其晚景也是别样的宜人，皓月当空，湖水荡漾，山影浮动。夜色朦胧的鹊山湖，好似幻化的仙境。

活动结束后，李白邀杜甫一起寻仙访道。尽管杜甫还没有李白这样的闲情，但他乐意奉陪。他们离开北海郡一路向西寻，在鲁郡北郊访一位姓范的道士时，中途迷了路。两人在林中乱转一气，身上沾满了苍耳。李白觉得滑稽可笑，写诗自嘲，诗题为《寻鲁城北范居士失道落苍耳中见范置酒摘苍耳作》。他把寻找的细节写得很细致，说他们"不惜翠云裘，遂为苍耳欺"，还戏称满身的苍耳为"羊带归"。后来好不容易找到范道士的家，两人又饥又累。主人端出农家菜招待这两位远道而来的客人，李白觉得这些家常菜比山珍海味更有味道。他连饮几杯后，来了诗兴，随口吟出《猛虎词》。酒足饭饱后，又和主人约定要"近作十日欢"。

杜甫就此事也作了《与李十二白同寻范十隐居》一诗。但他的心情与李白不同，听着雁鸣长空，知秋已来临，他心底的愁绪不断涌现。他还在热切地追逐功名，山野情趣再怎么吸引人，也只能让他快乐一时，却不能像李白一样做一个自由自在的道士云游四海。杜甫不得不说出要西去长安，寻找一切机会，尽最大力量实现自己的梦想。

朋友将要远离而去，李白虽有万分不舍，但他不能多作挽留、耽误朋友的前程。暮秋，石门的山野上漫天飘飞着金黄落叶，大雁苍鸣，缓缓掠过树梢向南飞去，秋风阵阵，让人觉出几分寒意。李、杜二人在瑕丘城东的石门依依惜别。李白摆酒为杜甫饯行，劝他不要急于去长安，因为他走过这条路，深知那是一条像蜀道一样难行的路。李白此时的心情十分复杂，他刻意不去想那些伤心往事，只与杜甫喝酒作别。他作了一首五律《鲁郡东石门送杜二甫》，将内心情感寄予其中：

> 醉别复几日，登临遍池台。
> 何时石门路，重有金樽开。
> 秋波落泗水，海色明徂徕。
> 飞蓬各自远，且尽手中杯。

这首诗以"醉别"开始，回顾两人的同游时光，把自然美与人情美融为一体，互相衬托，给人深刻的美感享受。既情真意切，又干净利落，千言万语尽在一杯酒中。眼下好友离别，仿佛转蓬随风飞舞，各自飘零远逝，让人怎能不难过呢？杜甫听后非常激动，他端起酒杯，一饮而尽。

石门揖别后，李白心里空荡荡的，怅然若失。他重新审视自己的人生目标，要么做官，要么成仙，但就现状来看，他已从官场败下阵来，如果真心修道，就要放下一切杂念，找个清静之地潜心修炼。可是他又反问自己：真的能放下仙道之外的一切吗？杜甫西去长安，就像往他平静的心湖里投入一颗石子，激起阵阵微澜。李白登高西眺，神思远逸，在长安的诗酒生活恍如昨天。他愁思顿生，写下难得一见的婉约诗《长相思》：

长相思，在长安。络纬秋啼金井栏，微霜凄凄簟色寒。孤灯不明思欲绝，卷帷望月空长叹。美人如花隔云端。上有青冥之长天，下有渌水之波澜。天长路远魂飞苦，梦魂不到关山难。长相思，摧心肝。

李白以美人自喻，表明要实现个人美好的政治理想是多么艰难。通过对秋虫、秋霜、孤灯等景物的描写，表现孤栖者的落寞及相思之苦。此处的"相思"别有寄托，是李白对君国的眷恋和对政治理想追求的不弃。但从那忽闪欲灭的灯光中，又可以看出"相思"者的绝望。李白的这种心情，在《单父东楼秋夜送族弟沈之秦》一诗中有更直白的表达："长安宫阙九天上，此地曾经为近臣。一朝复一朝，发白心不改。屈原憔悴滞江潭，亭伯流离放辽海。折翮翻飞随转蓬，闻弦坠虚下霜空。圣朝久弃青云士，他日谁怜张长公。"他已置身江湖，却仍心系秦阙。"翻飞随转蓬"的个人命运与"发白心不改"的理想执着形成鲜明的反差，令人唏嘘不已。

遥劝仙人一杯酒

　　冬天已经来临，李白仍徘徊在山水间，独游金乡（今山东省济宁市金乡县）、单父。在沙丘城时，李白深感孤独，非常想念远去的杜甫，于是写下《沙丘城下寄杜甫》：

> 我来竟何事？高卧沙丘城。
> 城边有古树，日夕连秋声。
> 鲁酒不可醉，齐歌空复情。
> 思君若汶水，浩荡寄南征。

　　李白说他在沙丘城除了"思君"便无事可做。无论是喝酒、吟唱，还是静听风吹古树的沙沙声，都会更加想念朋友。絮絮叨叨的平常之语，却是那样凄怆感人。

　　在孤寂、踌躇中，李白觉得自己疲惫不堪，头脑昏沉。他病了，而且病势很重，不得不在沙丘城休养。他的病拖延了十月之久，心中火焰一般的入仕信念再次被浇灭。这次病后，他变得越发多愁善感，越来越觉得"微生若浮烟"，往昔所追逐的一切都是那么虚幻缥缈，蹉跎半生，徒留下几声叹息。如今年近半百，尽可以在家中怡情养性，了此残生。可是，他一直无法下定决心，思想始终处于矛盾中。最终他似乎有了更高更远的追求，选择了自己的活法，虽然不知道结果怎样，但他一直朝着目标奔走。

天宝五年（746年）三月，瑕丘县令窦薄华任满回京城述职，临行前特意来向李白辞别。一年多以前，李白在瑕丘安家置产时，受到这位县令的多方关照，他心存感恩，从病床起身为窦县令送行。送至尧祠亭，李白设宴壮行，并写下赠别长诗《鲁郡尧祠送窦明府薄华还西京（时久病初起作）》。

时令进入初夏，李白病体初愈，他决定再次南下剡中。一些朋友不理解，追问他怎么不回家好好休养、农耕、修道，却疲于奔走他乡。他们哪里知道，李白第一次下江南时，就曾到剡中一游，那时他青春年少，追寻的目标是进身仕途，博取功名；如今已入道门，向往的是那里的仙界。李白在与沙丘城的朋友告别时，写下《梦游天姥吟留别》一诗，解答他们的疑问：

海客谈瀛洲，烟涛微茫信难求。越人语天姥，云霓明灭或可睹。天姥连天向天横，势拔五岳掩赤城。天台四万八千丈，对此欲倒东南倾。我欲因之梦吴越，一夜飞渡镜湖月。湖月照我影，送我至剡溪。谢公宿处今尚在，渌水荡漾清猿啼。脚著谢公屐，身登青云梯。半壁见海日，空中闻天鸡。千岩万转路不定，迷花倚石忽已暝。熊咆龙吟殷岩泉，栗深林兮惊层巅。云青青兮欲雨，水澹澹兮生烟。裂缺霹雳，丘峦崩摧。洞天石扉，訇然中开。青冥浩荡不见底，日月照耀金银台。霓为衣兮风为马，云之君兮纷纷而来下。虎鼓瑟兮鸾回车，仙之人兮列如麻。忽魂悸以魄动，恍惊起而长嗟。惟觉时之枕席，失向来之烟霞。世间行乐亦如此，古来万事东流水。别君去时何时还？且放白鹿青崖间，须行即骑访名山。安能摧眉折腰事权贵，使我不得开心颜！

李白假托梦中所见，虚实之间展现出天姥山一幅幅瑰丽变幻的奇景，表达他去江东的迫切心情。他是为了寻觅像天姥这样的自由快乐仙境而去，骑白鹿，访名山，在一定程度上体现了李白的精神摆脱了尘俗的桎梏。但梦境毕竟与现实相去太远，诗末一句“安能摧眉折腰事权贵，使我不得开心颜”表明他再游江东的动机：对名山仙境的向往，是出于对权贵的抗争，是向封建统治者投去一瞥蔑视，还是与那些不堪回首的过去道别。

李白在回东鲁后两年多的时间里，写了多篇迎来送往、应酬答谢之作，如《鲁中送二从弟赴举之西京》《鲁郡尧祠送张十四游河北》《鲁郡尧祠送吴五之琅琊》《酬中都小吏携斗酒双鱼于逆旅见赠》等。几乎每首诗都蕴含了他思而不忧、悲而不愤、哀而不伤的情感，以及他对人生无常的感慨和对自由生活的思辨。在这些作品中，前文提到的《鲁郡尧祠送窦明府薄华还西京（时久病初起作）》一诗最具代表性。他写道：

朝策犁眉騧，举鞭力不堪。强扶愁疾向何处，角巾微服尧祠南。长杨扫地不见日，石门喷作金沙潭。笑夸故人指绝境，山光水色青于蓝。庙中往往来击鼓，尧本无心尔何苦。门前长跪双石人，有女如花日歌舞。银鞍绣毂往复回，簸林蹶石鸣风雷。远烟空翠时明灭，白鸥历乱长飞雪。红泥亭子赤栏干，碧流环转青锦湍。深沉百丈洞海底，那知不有蛟龙蟠。君不见绿珠潭水流东海，绿珠红粉沉光彩。

绿珠楼下花满园，今日曾无一枝在。昨夜秋声阊阖来，洞庭木落骚人哀。遂将三五少年辈，登高远望形神开。生前一笑轻九鼎，魏武何悲铜雀台。我歌白云倚窗牖，尔闻其声但挥手。长风吹月度海来，遥劝仙人一杯酒。酒中乐酣宵向分，举觞醉尧尧可闻。何不令皋繇拥篲横八极，直上青天挥浮云。高阳小饮真琐琐，山公酩酊何如我。竹林七子去道赊，兰亭雄笔安足夸。尧祠笑杀五湖水，至今憔悴空荷花。尔向西秦我东越，暂向瀛洲访金阙。蓝田太白若可期，为余扫洒石上月。

李白以尧祠所见展开想象，以实入虚，思路从尧祠跳跃到对历史和人生哲理的探索。时光流逝，名姝的青春、骚人的才华、帝王的权势都随着岁月消逝了。不论是绝代容颜、满腹才华，还是至尊皇权、富贵奢华，都将在岁月流逝中成为陈迹。因此，对于生前事不必执着于利害得失，身后事也不必悲叹挂怀。李白在诗中并不是教人放弃奋斗，而是在发出个人感慨，他在诗末又展现了自信心和对生活的希望。被世所弃的经历反而助他进入超脱境界。

是年秋冬之交，李白正在为下江南做准备时，他收到元丹丘和岑勋的联名邀请信。他立刻西去宋州，到梁园与元丹丘、岑勋相会。在"赐金还山"之初，元丹丘就从咸阳寄给李白一封信，给他打气。李白则回寄一首《以诗代书答元丹丘》表示感谢。他们三年多没见面了，李白非常想念老友，不顾寒冷赶来赴约。他们在大雪中重游梁园，痛饮诉离情，高歌叙前景。岑勋说准备到河南嵩县鸣皋山隐居，元丹丘则打算重游江东，李白决定在宋城过冬，并与元丹丘约定明年剡中再见。

对李白来说，这一次不仅是"仙人会"，进一步激发他归隐山野的兴趣，还让他遇上一桩喜事——他被宋城一大户人家看中，欲招为女婿。看中他的不是平常女子，而是武后朝宰相宗楚客的孙女，岑勋的朋友宗璟的姐姐宗瑛。宗氏家族在武后时期显赫一时，后因政治变故，宗瑛的祖父宗楚客故去，宗家渐渐远离政治中心。宗瑛自幼好道，性情闲雅，颇有超然物外之志。她不愿随意嫁人，多次说媒未成，现年已二十八，尚待字闺中。她十分欣赏李白的诗文，从他的诗文中，她深切体会到李白的抱负、痛苦和无奈。她爱上李白，他们的恋爱经过演绎出一个精彩故事——千金买壁。最终在元丹丘和岑勋的撮合下，这门婚事定了下来。

十一月中旬，一连下了几天大雪。因担心被冰雪困住，岑勋动身回山。送别岑勋时，李白作《鸣皋歌送岑征君》一诗相赠。诗中想象岑勋旅途中冰封雪飘、山高水深的艰险情景，表达被积雪阻隔的烦闷心情，实则是为自己遭受排斥而鸣不平。尔虞我诈、争权夺利的官场已不值得留恋，他借岑征君之口，邀他早日也能飞到鸣皋山去。

转眼冬去春来，李白这只"闲云野鹤"的心早飞向江东，飞向剡中。他告别宗瑛，从客居之地启程，第二次下江南。他从宋城转道下邳，再从运河乘船直下广陵。一路行色匆匆，沿途未多作停留。但因为他曾在朝廷做官，且诗名震天下，每到一处就有当地的官员、文士等争着尽地主之谊。以扬州为例，李白到扬州时，他的朋友常鸣、储邕、江阳县令陆调及扬州府的官员、扬州的士子等热忱迎接这位"诗仙"。与十多年前李白自己主动邀客相反，这次他只要赴约即可。离开扬州时，当地久闻李白大名的官绅名士也都来为他送行，李白作《留别广陵诸公》一诗回应：

忆昔作少年，结交赵与燕。金羁络骏马，锦带横龙泉。寸心无疑事，所向非徒然。晚节觉此疏，猎精草太玄。空名束壮士，薄俗弃高贤。中回圣明顾，挥翰凌云烟。骑虎不敢下，攀龙忽堕天。还家守清真，孤洁励秋蝉。炼丹费火石，采药穷山川。卧海不关人，租税辽东田。乘兴忽复起，棹歌溪中船。临醉谢葛强，山公欲倒鞭。狂歌自此别，垂钓沧浪前。

　　李白申明，自己过去立志要做官，结果荒废了大半生，现在隐居不关心人事，你们不必逢迎我，客气话也无需多说，"狂歌自此别，垂钓沧浪前"。

　　从润州（今江苏省镇江市西南一带）入南运河时，李白感觉天气炎热，他站立船头吹风，见河岸边乱石滩上有一群赤身裸体的纤夫拖着满载巨石的船，他们喊着低沉悲切的都护之歌，摧人心肝，令人伤痛落泪。江水滔滔，前路茫茫，纤夫艰难向前挪动脚步，干渴难忍，混浊的河水捧来便喝，苦不堪言。李白慨叹不已，仿作一首《丁都护歌》，表达了对纤夫的怜悯和同情。这首乐府民调一唱三叹，何其悲切！

　　云阳上征去，两岸饶商贾。吴牛喘月时，拖船一何苦！水浊不可饮，壶浆半成土。一唱都护歌，心摧泪如雨。万人凿盘石，无由达江浒。君看石芒砀，掩泪悲千古。

　　时隔十年，李白又重新踏上江南这块土地，他的心情异常复杂。如今入门为道士，他最想去的地方自然是会稽剡中，且与元丹丘早有约定。去会稽须经过山阴（今浙江省绍兴市），李白的忘年交贺知章致仕后回到山阴，李白便先去看望这位老先生。长安一别两年多，不知先生在故乡过得怎样？

　　别号"四明狂客"的贺知章还乡后，捐出宅院为观，又求周宫湖数顷为放生池。玄宗皇帝恩准，赐镜湖一曲。他住五云门外道士庄千秋观，在镜湖边建一曲亭自娱。李白赶到山阴时，惊闻贺知章返乡第二年就辞世了，这令李白伤心不已。他来到镜湖一曲亭凭吊，想起当年与老先生在长安"金龟换酒"时，他是何等爽朗健谈，那年的情景浮现于眼前，老先生的音容宛存。李白在一曲亭边徘徊良久，口占五绝《重忆一首》：

> 欲向江东去，定将谁举杯？
> 稽山无贺老，却棹酒船回。

故知已去，李白怅然而回。在会稽酒楼上，他对贺老先生遥劝一杯酒，又独自对酒潸沱，再作《对酒忆贺监二首并序》。

李白此次在江南所作诗文，明显增添了不少悲愁韵调，而贺知章的离世更让他的诗作添了几分哀伤。他每到一处，都有物是人非的伤怀，他甚至觉得自己的最终归属就在江东，愿意把余生托付于江南的青山绿水中。人生最怕揭穿，最惧幻灭。此时的李白不停地游走在揭穿和幻灭的边缘。

就在李白深感孤寂之时，他遇见了在会稽同游的好友孔巢父。他是"竹溪六逸"之一，刚从京师辞官，想在江南找一块归隐之地。他乡遇故知，李白又惊又喜，听到他还从京城带来杜甫的好消息，李白的心情更加开朗了。他们与元丹丘在会稽相聚，观览了会稽山麓的"禹穴"后，再一同前往剡中。

三人沿剡溪一路游览了沃州湖、天姥山、天台山。在四明山，李白作五言律诗《早望海霞边》，希望神仙尽早招引他。李白到达天台山后，再次游览了壮丽的景色。在华顶，李白东望弥漫无际的大海，思接万古，感慨万端，于是作《天台晓望》：

天台邻四明，华顶高百越。门标赤城霞，楼栖沧岛月。凭高登远览，直下见溟渤。云垂大鹏翻，波动巨鳌没。风潮争汹涌，神怪何翕忽。观奇迹无倪，好道心不歇。攀条摘朱实，服药炼金骨。安得生羽毛，千春卧蓬阙。

虽然李白找不到神仙的踪迹，学道的心思难以平静，却领略到天台山上远眺的雄奇美景，他称为"溟渤"的地方处处有奇景。天台山给李白的感觉相当好，他沉重的心情变得轻松多了。

因元丹丘暂留天台山办事，李白和孔巢父相携下山。而后两人并没有原路返回，而是往永嘉游览。之后，再沿富春江至杭州。他们在杭州先去天竺寺参禅，然后又到樟楼观潮。至深秋，李白才与孔巢父作别，离开杭州独自乘小舟沿江南运河上溯去金陵。途经湖州，地方官员和文士都想一睹"诗仙"风采，州府特设宴招待他。宴席上，人们纷纷向李白敬酒。唯有来自条支（西亚古国，在今霍尔木兹海峡处）的迦叶司马由于语言交流不畅，疑惑地询问李白到底是谁。有人告诉他，最能喝酒的那位就是，众人皆大笑。见此情形，李白笑作《答湖州迦叶司马问白是何人》：

青莲居士谪仙人，酒肆藏名三十春。
湖州司马何须问，金粟如来是后身。

李白虽是随口吟出，却足显其清高自负之气、痛快豪爽之情。这就是"诗仙"人生失意时的真实面貌和独特风采。

归卧空山钓碧流

　　天宝六年（747年）冬，李白第二次来到古都金陵。在故都，李白意外遇到了被贬湘阴（今湖南省岳阳市湘阴县）的好友崔成甫。崔成甫在京城曾任校书郎、摄监察御史，与李白的性格相近，是开朗豪爽的乐观派。见到故友，两人才寒暄几句，崔成甫便笑口一开，吟出一首诗来：

　　　　我是潇湘放逐臣，君辞明主汉江滨。
　　　　天外常求太白老，金陵捉得酒仙人。①

　　自号"谪仙人"的李白一边赔笑，一边作《酬崔侍御》诗回应：

―――――――――

　　① 此诗题为《赠李十二白》。

严陵不从万乘游，归卧空山钓碧流。

自是客星辞帝座，元非太白醉扬州。

李白以东汉不臣天子的隐士严光自比，表明自己隐居只是无奈之举。既展现了他的傲岸性格，也暗示他依然存有"济苍生""安黎元"之大志。

两个"天涯沦落人"意外相逢，有说不尽的话语。李白从崔成甫口中得知，朝中不少正直敢言的人都遭到宰相李林甫的迫害，而外戚杨国忠等人又与李林甫夺权争宠，朝中党争异常激烈。刑部尚书韦坚是李林甫的政敌，崔成甫因称颂韦坚善政而遭陷害；还有北海太守李邕和淄川太守裴敦复也被人构陷，遭当众杖杀。

李白听闻奸臣的种种恶行，恨得咬牙切齿，心里更加焦急、痛苦与困惑。虽然他已经受箓为道士，并下决心再不过问世事，但他实在不能眼看大唐帝国分崩离析而充耳不闻。他不知道怎样安慰崔成甫，表面上装作若无其事，陪崔成甫四处游乐，但他的灵魂却日夜承受着煎熬。人们经常见到李白在秦淮河酒家买醉，有时醉卧烟柳巷。李白不知道如何摆脱这种痛苦，他写了多首诗来记录在金陵狂歌醉饮、放荡无羁的生活。《玩月金陵城西孙楚酒楼达曙歌吹日晚乘醉著紫绮裘乌纱巾与酒客数人棹歌秦淮往石头访崔四侍御》写道：

昨玩西城月，青天垂玉钩。朝沽金陵酒，歌吹孙楚楼。忽忆绣衣人，乘船往石头。草裹乌纱巾，倒被紫绮裘。两岸拍手笑，疑是王子猷。酒客十数公，崩腾醉中流。谑浪棹海客，喧呼傲阳侯。半道逢吴姬，卷帘出揶揄。我忆君到此，不知狂与羞。一月一见君，三杯便回桡。舍舟共连袂，行上南渡桥。兴发歌绿水，秦客为之摇。鸡鸣复相招，清宴逸云霄。赠我数百字，字字凌风飙。系之衣裳上，相忆每长谣。

《赠段七娘》写他追逐、赞美名妓：

罗袜凌波生网尘，那能得计访情亲。
千杯绿酒何辞醉，一面红妆恼杀人。

《对酒》写他纵酒携妓的情景：

葡萄酒，金叵罗，吴姬十五细马驮。青黛画眉红锦靴，道字不
正娇唱歌。玳瑁筵中怀里醉，芙蓉帐底奈君何。

《金陵凤凰台置酒》写他即使不得志，也不负好时光：

置酒延落景，金陵凤凰台。长波写万古，心与云俱开。借问往
昔时，凤凰为谁来。凤凰去已久，正当今日回。明君越羲轩，天老
坐三台。豪士无所用，弹弦醉金罍。东风吹山花，安可不尽杯。六
帝没幽草，深宫冥绿苔。置酒勿复道，歌钟但相催。

李白的另一个老朋友王昌龄也在金陵，他出任江宁县丞已有七
八年时间。可他仕途并不如意，常受人抨击。心情郁闷的王昌龄借
酒消愁，李白来金陵后，王昌龄多了一个酒伴。他们在应酬中，时
常论诗谈道，针砭时弊。王昌龄拿出一大叠自己近几年的诗作交给
李白评论，从诗中李白感到王昌龄这位"七绝圣手""诗家天子"
的诗风十分含蓄委婉，情感流露中有幽怨之美，而且"绪密而思
清"，与綦毋潜、李颀、岑参、刘慎虚、辛渐等人的感情是那般诚

挚、融洽，为人是那般真诚坦率。即使是边塞诗，也是将含蓄美蕴含于抒情色彩极浓厚的景物刻画和环境描写中。他热爱生活，也很会享受生活，即使遭受挫折和打击，诗中的激情始终不减。他的《从军行七首》《青楼曲二首》等都能体现出他的风格。李白比较喜欢他的《留别岑参兄弟》《芙蓉楼送辛渐二首》等诗作，尤为赞赏"月吐金陵洲""一片冰心在玉壶""寂寂寒江明月心"这几句。李白在金陵腾出大量时间仔细研究六朝时期的诗歌和文学，从中有了更深的感悟，并同王昌龄一起讨论交流。

李白虽然已入道，却还没有定性，没有专心修道，也没有自己的道场。他无时无刻不在关心时事。一天，他登临金陵凤凰台，见那悠悠浮云遮蔽太阳的光辉，心里惶惶难安，于是写下《登金陵凤凰台》：

> 凤凰台上凤凰游，凤去台空江自流。
> 吴宫花草埋幽径，晋代衣冠成古丘。
> 三山半落青天外，二水中分白鹭洲。
> 总为浮云能蔽日，长安不见使人愁。

李白以传说开头，借用典故影射皇帝被奸邪所蒙蔽，也表达了自己对国家严峻形势的忧虑。

王昌龄知道李白依然心忧国事，所以每次相聚时，除了饮酒，还同李白大谈政治时局。他对李白说，大唐帝国正如贾谊所说，拿火去点燃木柴，而睡在木柴上的人却一点不自知。皇上现在完全昏聩了，只知与杨贵妃三姐妹淫逸玩乐，不理国事；而那些奸臣乘机弄权，重用酷吏，以致冤案层出不穷。国事荒废，百业不举，贪官污吏大肆搜刮民脂民膏，天下百姓苦不堪言。王昌龄讲到的派系斗争和冤案故事，让李白胆战心惊，他沉潜已久的侠气雄心又被激发出来了。他觉得现在要做的不是找个清静的地方修道，而是要以自己的文才武略挽救国家、拯救民众，"使寰区大定，海县清一"。

然而，他虽雄心万丈、跃跃欲试，却苦于没有途径。他把自己的心事向朋友陆调倾诉。他们在诗书往来中谈起许多陈年往事，李白慨然而作五言长诗《叙旧赠江阳宰陆调》：

> 泰伯让天下，仲雍扬波涛。清风荡万古，迹与星辰高。开吴食东溟，陆氏世英髦。多君秉古节，岳立冠人曹。风流少年时，京洛事游遨。腰间延陵剑，玉带明珠袍。我昔斗鸡徒，连延五陵豪。邀遮相组织，呵吓来煎熬。君开万丛人，鞍马皆辟易。告急清宪台，脱余北门厄。间宰江阳邑，翦棘树兰芳。城门何肃穆，五月飞秋霜。好鸟集珍木，高才列华堂。时从府中归，丝管俨成行。但苦隔远道，无由共衔觞。江北荷花开，江南杨梅熟。正好饮酒时，怀贤在心目。挂席拾海月，乘风下长川。多沽新丰酿，满载剡溪船。中途不遇人，直到尔门前。大笑同一醉，取乐平生年。

跟朋友倾诉仍然无法排遣心中的苦闷，李白便将自己沉浸到佛教和求道中。他遍游金陵周边的古刹寺庙，与高僧谈论佛理，高僧也向他讨教作诗的诀窍。对交往较多的高僧，李白很乐意题诗相赠。

是年夏末，崔成甫告诉李白，刑部郎中宇文贵调任宣州太守，他邀李白一起去拜见宇文太守。李白很高兴，在金陵滞留多日，应该到远一点的地方走走了。于是，他们搭乘客船沿江逆流而上。船行至当涂，停靠在牛诸矶。翌日，他们抵达宣城，宇文太守出城相迎。

宣州郡是江南大郡，辖九县。治所宣城（今安徽省宣城市）北依敬亭山，南倚黄山，句溪从南面流淌而来，与从西往东流的宛溪在城边交汇，然后一起向北流去。此外，还有一条古道连接徽州与杭州。从宣城无论往哪个方向走，都有旖旎风光可览。

恰逢此时，李白的族叔校书郎李云来宣州公干，宇文太守安排他们几人在宣城及周边游玩。他们先游谢朓楼。登楼可北眺敬亭，南俯双溪，无限风光，尽收眼底。临风缅怀谢公功绩，令人产生怀古遐思。李白是冲着南齐诗人谢朓来的，当年谢朓在这里写出"余霞散成绮，澄江静如练""兹山亘百里，合沓与云齐""天际识归舟，云中辨江树"① 等佳句名篇。待到了北楼，太守为客人摆宴，为敬仰前贤，李白把酒临风，高声吟出一首《秋登宣城谢朓北楼》：

江城如画里，山晓望晴空。
两水夹明镜，双桥落彩虹。
人烟寒橘柚，秋色老梧桐。
谁念北楼上，临风怀谢公。

宴席结束后，李白等人下楼来，前往敬亭山。他们由古昭亭坊拾级而上，只见一路上山势渐高，林木茂密。随后登临山顶，极目远眺，东北的南漪湖烟波浩渺，水天一色；山下的水阳江蜿蜒曲折，如玉带缠绕。敬亭山的旖旎风光令李白如痴如醉。

自游览了敬亭山之后，李白就对它一见钟情，深深爱上了这块风水宝地。就像年轻时在匡山读书一样，终日心驰神往。后来他常到敬亭山饮酒作诗。某天，他豁然悟到这里就是他苦苦寻觅的清修之地，应该成为他"归卧空山"的归属。

---

① 三句诗分别出自谢朓所作的《晚登三山还望京邑》《游敬亭山诗》《之宣城郡出新林浦向板桥》。

游了宣城的楼和山后，他们又游览了亭和水。逆小溪往北走，谢公亭位于宣城北郊、宛溪和水阳江汇合处的三岔河西岸，西北为敬亭山麓。相传这里是谢朓送好友范云乘舟远行的渡口处。李白立于谢公亭下，高吟一首五言律《谢公亭》：

谢亭离别处，风景每生愁。
客散青天月，山空碧水流。
池花春映日，窗竹夜鸣秋。
今古一相接，长歌怀旧游。

数日后，李云校书准备辞别宣州回京，宇文太守在谢朓北楼为他设宴饯行，李白在同样的地方，换了一种笔调，将自己的一腔悲愤发而为诗：

弃我去者，昨日之日不可留；乱我心者，今日之日多烦忧。长风万里送秋雁，对此可以酣高楼。蓬莱文章建安骨，中间小谢又清发。俱怀逸兴壮思飞，欲上青天揽日月。抽刀断水水更流，举杯销愁愁更愁。人生在世不称意，明朝散发弄扁舟。

写这首《宣州谢朓楼饯别校书叔云》时，李白才把李云当作来自京城的朝廷命官，向他发了一通牢骚。有离别愁，有不遇愤，一诗还未吟毕，众人无不扼腕叹息，望着"诗仙"沉醉佯狂的模样，无不心酸落泪。

李云走后，崔成甫陪李白到三溪、南陵等几处景致幽美的地方游玩，这是李白最开心的日子。宇文太守找来美酒供他们品尝，"酒仙"每次都是豪饮，直喝得酣畅淋漓，方能才思泉涌。

在宣城待了数日后，崔成甫不得不回湘阴去。李白清楚，这一别只怕今生再难一见了，不由得悲从中来。在自己的心灵备受煎熬时，崔成甫如此热情地陪伴他，这让李白十分感激。临别，他难掩悲伤，作诗《寄崔侍御》：

宛溪霜夜听猿愁，去国长如不系舟。
独怜一雁飞南海，却羡双溪解北流。
高人屡解陈蕃榻，过客难登谢朓楼。
此处别离同落叶，朝朝分散敬亭秋。

李白是要让自己永远记住此时此地、此情此景。诗的格调深沉，其中寓有无限飘零之感，而结尾又境界清净淡远，有不尽之思。

仲秋，李白乘船去庐江。吴王李祗去年春调任庐州太守，得知李白来到宣城，便派人送给李白一封信，邀请他到庐州一游。李白与吴王仅在京城有一面之缘，谈不上有交情，但既然吴王诚意相邀，喜好交友的李白又怎能爽约呢？何况庐州还有不少吸引他的地方。李白抵达庐江时，一向自称爱惜人才的吴王带着一帮学子来迎接他。其中有位名叫杜秀芝的秀才，是李白的忠实拥趸，为了能见"诗仙"一面，他不惜推迟进京赶考的日期。李白听了很感动，亲自为这位秀才送行，并写了一首《同吴王送杜秀芝赴举入京》：

秀才何翩翩，王许回也贤。
暂别庐江守，将游京兆天。
秋山宜落日，秀水出寒烟。
欲折一枝桂，还来雁沼前。

吴王等人陪李白游览了巢湖、合肥新城、濡须坞、逍遥津、霍山等地。期间李白写下组诗《寄上吴王三首》。

其一

淮王爱八公，携手绿云中。
小子忝枝叶，亦攀丹桂丛。
谬以词赋重，而将枚马同。
何日背淮水，东之观土风。

其二

坐啸庐江静，闲闻进玉觞。
去时无一物，东壁挂胡床。

其三

英明庐江守，声誉广平籍。
洒扫黄金台，招邀青云客。
客曾与天通，出入清禁中。
襄王怜宋玉，愿入兰台宫。

从李白的这组诗中不难看出，他依然熟记自己曾在京城享受的"荣耀"，对官场还心存留恋，也许是在吴王面前表现他那股傲气丝毫未减。

天宝八年（749年）春，李白从芜湖乘船再返金陵。船顺江而下，行进得非常缓慢，只因春季河水未涨而河道越往下游越宽。李白突然想到这江水也从故乡流过，思乡之情油然而生。离开家乡二十几年了，不知何时能重归故里。继而，他又想到东鲁的家和两个孩子，说不出的酸楚涌上心头。他写下《寄东鲁二稚子（在金陵作）》一诗，以这首乐府民调聊作家书。

吴地桑叶绿，吴蚕已三眠。我家寄东鲁，谁种龟阴田？春事已不及，江行复茫然。南风吹归心，飞堕酒楼前。楼东一株桃，枝叶拂青烟。此树我所种，别来向三年。桃今与楼齐，我行尚未旋。娇女字平阳，折花倚桃边。折花不见我，泪下如流泉。小儿名伯禽，与姊亦齐肩。双行桃树下，抚背复谁怜？念此失次第，肝肠日忧煎。裂素写远意，因之汶阳川。

李白实在太善于想象了，按时间推算，他的女儿平阳已长成十八九岁的姑娘，儿子伯禽也当是十四五岁的英俊少年。而李白的记忆似乎还停留在三四年前，想象的情形也是那个时候的——至少他已经三年没回东鲁的家了。但他把要表现的事物的形象和神态都描述得细致入微，栩栩如生，跃然纸上；把他对儿女的思念之情写得情深意切，细腻而动人。既然如此想家和子女，到底是回家还是继续滞留金陵？李白犹豫不决，只说"江行复茫然"。

暮春，李白回到金陵。忽闻好友王昌龄被贬为龙标（今湖南省怀化市一带）尉，他既惊讶又难过，即作七绝《闻王昌龄左迁龙标遥有此寄》：

杨花落尽子规啼，闻道龙标过五溪。
我寄愁心与明月，随君直到夜郎西。

此诗为"寄"，可见李白未能与王昌龄见面，老友突然被贬远去，使他内心又添几分悲忧。无奈，他只能借写春光将逝时的萧索景况抒发感愤，寄以慰藉老友。

李白在金陵待了数月，他越发觉得这样待下去没有意义，他反复拷问自己的内心该何去何从，必须作出选择了。这时，李白的朋友王十二赠给他一首《寒夜独酌有怀》，作为回应，李白作长诗《答王十二寒夜独酌有怀》①：

昨夜吴中雪，子猷佳兴发。万里浮云卷碧山，青天中道流孤月。孤月沧浪河汉清，北斗错落长庚明。怀余对酒夜霜白，玉床金井冰峥嵘。人生飘忽百年内，且须酣畅万古情。君不能狸膏金距学斗鸡，坐令鼻息吹虹霓。君不能学哥舒，横行青海夜带刀，西屠石堡取紫袍。吟诗作赋北窗里，万言不直一杯水。世人闻此皆掉头，有如东风射马耳。鱼目亦笑我，谓与明月同。骅骝拳跼不能食，蹇驴得志鸣春风。《折杨》《黄华》合流俗，晋君听琴枉《清角》。《巴人》谁肯和《阳春》，楚地犹来贱奇璞。黄金散尽交不成，白首为儒身被轻。一谈一笑失颜色，苍蝇贝锦喧谤声。曾参岂是杀人者？谗言三及慈母惊。与君论心握君手，荣辱于余亦何有？孔圣犹闻伤凤麟，董龙更是何鸡狗！一生傲岸苦不谐，恩疏媒劳志多乖。严陵高揖汉天子，何必长剑拄颐事玉阶。达亦不足贵，穷亦不足悲。韩信羞将绛灌比，祢衡耻逐屠沽儿。君不见李北海，英风豪气今何在！君不见裴尚书，土坟三尺蒿棘居！少年早欲五湖去，见此弥将钟鼎疏。

李白认为"人生飘忽百年内，且须酣畅万古情"，但不能学那些斗鸡之徒和杀人武夫哥舒翰，要保持自己的本色，一生傲岸，像那些圣贤一样超脱于荣辱穷达之外。这首诗可看作李白的内心独白。是年底，李白终于做出决定，回到东鲁兖州家中。

---

① 元代文学评论家萧士赟认为此诗是伪作。

第七章

北探南走

年届五旬的李白北赴幽州游历，看到安禄山穷兵黩武的做派，他内心鄙弃之，遂南下。其后他又游历了宣州，与敬亭山"独坐"、收获汪伦的友情、书稿托付给"忠实粉丝"……"安史之乱"的爆发猛地震碎了李白的闲适心境，他紧密关注时局，希望奉献绵薄之力。永王李璘的邀约就像一针兴奋剂，让李白"聊发少年狂"，但同时也将他带上了一条坎坷路。

心随长风去

李白从金陵回到东鲁兖州，好不容易在家与儿女们待了一段时间。天宝九年（750年）春，任城县令贺知止即将离任，请李白为县衙厅壁题字，李白欣然前往。不仅因为贺知县是贺知章的族弟，还因他在任期间很有政绩。李白在《兖州任城县令厅壁记》中写道："宽猛相济，韦弦适中。一之岁肃而教之，二之岁惠而安之，三之岁富而乐之。然后青衿向训，黄发礼履。耒耜就役，农无游手之夫；杼轴和鸣，机罕颦蛾之女。物不知化，陶然自春。权豪锄纵暴之心，黠吏返淳和之性。行者让于道路，任者并于轻重。扶老携幼，尊尊亲亲，千载百年，再复鲁道。非神明博远，孰能契于此乎？白控奇东蒙，窃听舆论，辄记于壁，垂之将来，俾后贤之操刀，知贺公之绝迹者也。"

按壁记的常规写法，只需要"叙官秩创置及迁授始末"，对历任之功绩可一笔带过。而李白却用一大段篇幅来夸赞贺县令的政绩，可见李白与这位贺公感情匪浅。正因为如此，这篇特别的壁记才被载入文学史册。

五月初一，崇明寺道宗律师在寺内圆寂，李白应邀往崇明寺，为佛顶尊胜陀罗尼石幢写颂词。他到寺后，提笔写了一篇长序，另作一首《崇明寺佛顶尊胜陀罗尼幢颂》：

揭高幢兮表天宫，巍独出兮凌星虹。神纵纵兮来空，仡扶倾乎苍穹。西方大圣称大雄，横绝苦海舟群蒙。陀罗尼藏万法宗，善住天子获厥功。明明李君牧东鲁，再新颓规扶众苦。如大云王注法雨，邦人清凉喜聚舞。扬鸿名兮振海浦，铭丰碑兮昭万古。

李白在家中住了七八个月。期间，从京城长安、北部边疆都不断有坏消息传来，朝政混乱，社会动荡，李白整天忧心忡忡，寝食不安。又听说老友元丹丘已从江东云游之地回到颍阳居处，他的心便飞到那儿去了。深秋，李白急匆匆赶去颍阳，可是元丹丘已去了石门山。李白来不及喘口气，马不停蹄转往石门山而去。到了石门山，李白饥寒交迫，疲惫不堪，元丹丘看到他狼狈不堪的模样不禁打趣他。李白见到老友轻松的笑容，疲惫一扫而光，他高兴地写下一首《寻高凤石门山中元丹丘》：

寻幽无前期，乘兴不觉远。苍崖渺难涉，白日忽欲晚。未穷三四山，已历千万转。寂寂闻猿愁，行行见云收。高松来好月，空谷宜清秋。溪深古雪在，石断寒泉流。峰峦秀中天，登眺不可尽。丹丘遥相呼，顾我忽而哂。遂造穷谷间，始知静者闲。留欢达永夜，清晓方言还。

李白详叙他寻找元丹丘时在山中的所见以及与老友见面时的情

景，写得轻松随意，正说明他们的关系亲密无间，情深意重。

石门山由伏牛山逶迤而来，山间两峰对峙，形如石门。群峰环抱，绿荫满襟，山涧幽深，是高人名士的隐居、炼丹之处。李白和元丹丘在石门把酒叙旧，谈及炼丹一事，李白作了一首《秋日炼药院镊白发赠元六兄林宗》：

木落识岁秋，瓶冰知天寒。桂枝日已绿，拂雪凌云端。弱龄接光景，矫翼攀鸿鸾。投分三十载，荣枯同所欢。长吁望青云，镊白坐相看。秋颜入晓镜，壮发凋危冠。穷与鲍生贾，饥从漂母餐。时来极天人，道在岂吟叹。乐毅方适赵，苏秦初说韩。卷舒固在我，何事空摧残。

李白感叹岁月蹉跎、功业无成，元丹丘劝他隐居石门山，但李白告诉元丹丘，此次不是为学炼丹修仙而来，他对现今世道感到惆怅忧虑。原本想与元丹丘一起去幽州一带打探消息，既然老友专注炼丹无法同去，那就不便打搅了。

李白下山后，于天宝十年（751 年）初来到宋城新家。宗夫人听李白说要去幽州，感到很不解，她劝阻李白："北边正在打仗，去那边干什么呢？也不看看自己多大岁数了，还能跨马持剑上战场不成？"李白被宗夫人劝阻，并在梁园生活了数月。在此期间，他写过一篇散文《虞城县令李公去思颂碑》。

就在这个时期，李白意外地收到朋友何昌浩的一封信。何昌浩时任范阳节度使幕府判官，他特意邀请李白到范阳（今北京市、河北省保定市一带）一行。他在信中表达了内心的想法：足下文武兼备，强弟十倍。前来幽州，何愁无用武之地？李白的仗剑天涯之心再次被激活，他立刻作一首《赠何七判官昌浩》回复：

176

有时忽惆怅，匡坐至夜分。平明空啸咤，思欲解世纷。心随长风去，吹散万里云。羞作济南生，九十诵古文。不然拂剑起，沙漠收奇勋。老死阡陌间，何因扬清芬。夫子今管乐，英才冠三军。终与同出处，岂将沮溺群？

在这首诗中，李白表达了自己"思欲解世纷"、不甘心老死阡陌之间、愿与之同驱疆场、为国立功的志向，希望何昌浩加以引荐。"终与同出处，岂将沮溺群"一句，从字面意思看，李白决意不当像春秋时长沮、桀溺①这样的隐士，而渴望与何昌浩一起在边陲建功立业。

天宝十年（751 年）十一月，李白与宗夫人惜别，冒雪踏上北去幽州的路途。好不容易来到大梁，他的两位朋友给他钱行。李白作《留别于十一兄逖裴十三游塞垣》：

太公渭川水，李斯上蔡门。钓周猎秦安黎元，小鱼鹪兔何足言？天张云卷有时节，吾徒莫叹羝触藩。于公白首大梁野，使人怅望何可论？既知朱亥为壮士，且愿束心秋毫里。秦赵虎争血中原，当去抱关救公子。裴生览千古，龙鸾炳文章。悲吟雨雪动林木，放书辍剑思高堂。劝尔一杯酒，拂尔裘上霜。尔为我楚舞，吾为尔楚歌。且探虎穴向沙漠，鸣鞭走马凌黄河。耻作易水别，临歧泪滂沱。

李白表明了他北上的目的，在以天下兴亡为己任的心情引导下，

---

① 此二人认为人无法改变社会的黑暗面，与其从政，不如避世。具体事迹见《论语·微子》。

决计去幽燕一带探虚实。他再次提到《侠客行》中的两位侠士，信奉"士为知己者死"，高歌"风萧萧兮易水寒，壮士一去兮不复还"，抱着誓死的决心，让人扼腕。

李白到幽州后，何判官陪他四处漫游。眼下边防比较混乱。由于朝廷用募兵制代替了府兵制，人们耻于当兵，"子弟为武官者，父兄摈之不齿"。所应募者，皆是未曾习武的市井贩夫、无赖子弟。又由于玄宗皇帝采取"以夷制夷"的政策，节度使多任用胡人，边镇中的士卒也有很大一部分胡人，能征善战的猛将精兵都集中在几个边防大镇，形成了里轻外重的局面。

安禄山于天宝三年接替裴宽任范阳节度，河北采访、平卢军等使，天宝六年加授大夫，李白去范阳时，安禄山又兼任河东节度使。无论在朝中还是军中，他都大权在握。但就在前一年，安禄山设计诱惑致奚、契丹人，佯为设置宴会，以毒莨菪酒招待，待他们醉后坑杀，杀人数千，装其酋长之首级献于朝廷并奏报朝廷请功领赏。作为守边节度使，安禄山经常奏请回京，玄宗皇帝不仅不责备，还派人在昭应（今陕西省西安市临潼区）为他建造宅院。每次回京，杨国忠兄弟姊妹都前往迎接，人马冠盖众多，遮蔽山野。

与安禄山沆瀣一气的杨国忠，天宝十年前叫杨钊，后改名。在与宰相李林甫的争斗中，他的权力越来越大。他推荐鲜于仲通为剑南节度使，越嵩都督张虔陀改任姚州都督，负责监视与控制南诏。这些封疆大吏大多数是心术不正之徒，他们肆意干涉南诏事务，有心挑起事端。这一年，鲜于仲通攻南诏，六万士卒全军覆灭；唐将高仙芝在与黑衣大食的怛罗斯之战中惨败，于阗以西、波斯以东十六个羁縻都督府损失殆尽；安禄山攻契丹也大败。

尽管战事频繁，但李白看到的守边士卒似乎很悠闲。那些之前为市井无赖和官家子弟的士卒常常游猎，根本不把作战当回事。李白见到他们游猎的场景后，借乐府旧题作《行行游且猎篇》：

边城儿，生年不读一字书，但将游猎夸轻趫。胡马秋肥宜白草，骑来蹑影何矜骄。金鞭拂雪挥鸣鞘，半酣呼鹰出远郊。弓弯满月不虚发，双鸧迸落连飞髇。海边观者皆辟易，猛气英风振沙碛。儒生不及游侠人，白首下帷复何益！

天宝十一年（752 年）初，李白又到广平郡邯郸、临洺、清漳等地游览。在邯郸洪波台观看了官兵操练仪式，将士们整肃威武、喧腾热闹，李白兴奋而作《登邯郸洪波台置酒观发兵》：

我把两赤羽，来游燕赵间。天狼正可射，感激无时闲。观兵洪波台，倚剑望玉关。请缨不系越，且向燕然山。风引龙虎旗，歌钟昔追攀。击筑落高月，投壶破愁颜。遥知百战胜，定扫鬼方还。

李白把自己想象成一个征边勇士，抒发自己北上抗敌、报效国家的豪情壮志，很有鼓动性。接着在临洺，他又作一首《赠临洺县令皓弟（时被讼停官）》：

陶令去彭泽，茫然太古心。
大音自成曲，但奏无弦琴。
钓水路非远，连鳌意何深。
终期龙伯国，与尔相招寻。

从这首五言律诗中可以看出，李白对待战争的态度完全变了。虽然没表露出讨厌战争，却想让自己有个安静古朴的去处。或许他就是他理想中的"功成身退"吧。

接着他又去了清漳，写了一首《赠清漳明府侄聿》。诗中未提及边防战事，只是夸赞了李聿的政绩。这里离战场很远，李白尚未看到北疆真实的一面。

天宝十一年三月，安禄山发蕃、汉步骑二十万再次攻打契丹，以雪去年败于契丹之耻。且下军令，将这二十万征边将士"弃之死地，只轮不返"。五月，玄宗皇帝加授杨国忠为京兆尹、御史大夫、京畿兼关内采访使，他"欲求恩丰立边功"，继续往南诏增兵十万，命李宓、何覆光率领出征，亲人前来送别，哭声震野。杨国忠似乎想跟安禄山竞赛，两人穷兵黩武，不仅破坏了边疆地区的安定团结，也给内地人民带来深重灾难。

李白于十月北行至幽州，在北京城外写下一首乐府杂曲《出自蓟北门行》：

> 虏阵横北荒，胡星曜精芒。羽书速惊电，烽火昼连光。虎竹救边急，戎车森已行。明主不安席，按剑心飞扬。推毂出猛将，连旗登战场。兵威冲绝幕，杀气凌穹苍。列卒赤山下，开营紫塞傍。孟冬风沙紧，旌旗飒凋伤。画角悲海月，征衣卷天霜。挥刃斩楼兰，弯弓射贤王。单于一平荡，种落自奔亡。收功报天子，行歌归咸阳。

诗中写到李白抵达幽州后最先领略的北疆风光，有虚有实，他大胆想象，集中笔墨写战争中两军对峙的状况，借以歌颂将士们反击匈奴侵扰的抗争精神。这是李白对这场战争最初的看法。然而，继续观察，才真正见识到北疆将士艰苦竭蹶的征边生活，李白的态度开始转变，由赞扬转为同情。一天下大雪，寒风凛冽。李白站在蓟门外看到许多士卒穿着单薄的衣服在雪地里走动，他的心情倍感沉痛。在寒风中，吟出一首乐府诗《北风行》：

烛龙栖寒门，光曜犹旦开。日月照之何不及此？唯有北风号怒天上来。燕山雪花大如席，片片吹落轩辕台。幽州思妇十二月，停歌罢笑双蛾摧。倚门望行人，念君长城苦寒良可哀。别时提剑救边去，遗此虎文金鞞靫。中有一双白羽箭，蜘蛛结网生尘埃。箭空在，人今战死不复回。不忍见此物，焚之已成灰。黄河捧土尚可塞，北风雨雪恨难裁！

李白的写法虽有些夸张，却并不失真。他把北国寒冬的景象描述得无比生动、形象，尤其是"黄河捧土尚可塞，北风雨雪恨难裁"一句更是惊天地、泣鬼神，具有震撼人心的力量。

同时，李白还发现眼前这些生龙活虎的"边城儿"只听从安禄山的号令，他不由得忧心如焚。安禄山招兵买马，谋逆之心已现端倪，李白目睹形势危急却无能为力，只能站在黄金台上痛哭一场，泣而作《幽州胡马客歌》：

幽州胡马客，绿眼虎皮冠。笑拂两只箭，万人不可干。弯弓若转月，白雁落云端。双双掉鞭行，游猎向楼兰。出门不顾后，报国死何难？天骄五单于，狼戾好凶残。牛马散北海，割鲜若虎餐。虽居燕支山，不道朔雪寒。妇女马上笑，颜如颇玉盘。翻飞射野兽，花月醉雕鞍。旄头四光芒，争战若蜂攒。白刃洒赤血，流沙为之丹。名将古谁是，疲兵良可叹。何时天狼灭？父子得闲安。

李白的心情十分复杂。一方面，任侠尚武的性格使他对这些年轻勇士们的高超武艺和绝技发出由衷的赞美，对这些勇士报效主人的忠心发出由衷的赞叹。另一方面，他又反对这场被统治者有意扩大的战争，他以借古讽今的手法，用匈奴犯边的故事来寄寓对国家将或发生内乱的隐忧，表现出对可能发生的叛乱的极大厌恶。

不管是安禄山还是杨国忠，发动征战不是为了维护边疆的稳定与和平，而只是想争军功，获取更大的权力和利益。朝中大员尚且如此，边疆守将之间难免争权夺利、矛盾重重。就在李白北探幽州时，几名守将的矛盾竟闹到朝堂之上。陇右节度使哥舒翰与安禄山、安思顺一向不睦。玄宗皇帝亲自出面，希望他们和解、成为兄弟。是年冬，三人同时入朝，玄宗帝派骠骑大将军高力士在城东设宴招待他们。席间，安禄山对哥舒翰说："我父亲是胡人，母亲是突厥人，你父亲是突厥人，母亲是胡人，你我族类相同，为什么不能相亲呢？"哥舒翰毫不客气地说："古谚云，狐狸向窟穴嗥叫最不吉祥，原因是其忘本。如果你能与我相亲，我岂敢不尽心！"安禄山以为哥舒翰用"狐"字讥讽他是胡人，顿时大怒，骂道："你突厥种竟敢如此！"哥舒翰意欲回应，恰在这时高力士用眼神示意，哥舒翰才假装醉酒而散，从此二人积怨愈深。①

李白对这两人都没有好感，并不是因为他们的胡人身份，而是他们的所作所为。而何昌浩却希望李白效命于安禄山，为他摇旗呐喊。李白在幽州的所见所闻让他认定了一个事实——安禄山必反！李白怎么可能为一个屠夫效命呢？不仅如此，李白仗剑报国的梦想也彻底破灭，他要尽早逃出幽州。

李白想到一个办法，他用宗夫人的语气给自己写了一封信，大意是说宗夫人得了重病，望丈夫速归。李白拿着这封信向何昌浩请辞，何判官早已看出李白不会久留军中，应该尊重朋友的意愿，于

① 事迹详见宋欧阳修、宋祁等撰《新唐书·列传第六十·哥舒翰》。

是为李白送行。李白担心事有变故，立马踏上归程。归途的道路泥泞难行，时日雨雪交加。李白又想到那些征边将士远离家乡、远离亲人的凄苦生活，于是借乐府旧题再作一首《远别离》：

　　远别离，古有皇英之二女，乃在洞庭之南，潇湘之浦。海水直下万里深，谁人不言此离苦。日惨惨兮云冥冥，猩猩啼烟兮鬼啸雨。我纵言之将何补？皇穹窃恐不照余之忠诚，雷凭凭兮欲吼怒。尧舜当之亦禅禹。君失臣兮龙为鱼，权归臣兮鼠变虎。或言尧幽囚，舜野死。九疑联绵皆相似，重瞳孤坟竟何是？帝子泣兮绿云间，随风波兮去无还。恸哭兮远望，见苍梧之深山。苍梧山崩湘水绝，竹上之泪乃可灭。

　　李白用一个古老的传说讽喻当朝玄宗皇帝，他的好大喜功、穷兵黩武是造成"远别离"的根本原因，而最终的结果必将是百姓流离失所、君臣离心离德，甚至王朝也有覆灭的危险。这首诗深沉凝重，"消魂般的凄迷和预言式的清醒"像警醒箴言，更像惊世谶语。

相看两不厌

天宝十二年（753 年）春，李白从幽州南下，途经魏州贵乡（今河北省邯郸市大名县东北），遇见县令韦良宰。韦县令热情招待李白，席间，李白谈及幽州见闻，并乘酒劲讲出他认为安禄山必反的想法。韦良宰显然不信。因为安禄山与杨国忠都是靠"忠君"爬上高位，过去安禄山虽然有点瞧不起杨国忠，但多数时候他们站在同一战线上。两人曾联合起来与李林甫斗法，现今在相位十九年的李林甫死了，杨国忠接任相位，在朝中独揽大权，而安禄山也加官进爵，兼任三镇节度使，几乎掌握了大唐一半的军权。他们联手不是比争斗更有利于双方吗？韦良宰认为造反只是李白的想象。酒席上，李白不便与韦良宰争辩，毕竟他是官场中人，谨言慎行是基本准则。此后，他便不再与人谈论这个问题。

是年初夏，身心俱疲的李白回到宋城宗家。过了些时日，他又回东鲁瑕丘的家中看望几个孩子。女儿平阳已经出嫁，伯禽也已成人，唯次子李天然不知去向。李白觉得愧对子女，却又无法补偿。

好在长子已能自立，他心稍宽。随后李白再返宗家，这次宗夫人交给他一封信。李白接过一看，原来是在宣州任长史的堂弟李昭写来的邀请信，邀李白去宣州游玩。李白刚从幽州回来，心里憋着一肚子愁闷，正想出去散散心，堂弟的这封邀请信来得正是时候。他立刻写一首《寄从弟宣州长史昭》，托言他在外地游历很长时间，虽感疲惫，但仍然愿意到宣州去。

从宋州去宣州的路不太好走，本该寻捷径，可李白却先向北经过曹南（今山东省菏泽市）然后转运河至广陵。他在曹南写下长诗《留别曹南群官之江南》，并第三次前往金陵、广陵。不过，这次他在广陵、金陵并未多作停留，而是直接沿江而上去往宣州。李白绕弯行进，抵达宣州时已是秋天。宣州长史李昭热情接待了他。虽是故地重游，李白还是很感动，写下《赠从弟宣州长史昭》：

淮南望江南，千里碧山对。我行倦过之，半落青天外。宗英佐雄郡，水陆相控带。长川豁中流，千里泻吴会。君心亦如此，包纳无小大。摇笔起风霜，推诚结仁爱。讼庭垂桃李，宾馆罗轩盖。何意苍梧云，飘然忽相会。才将圣不偶，命与时俱背。独立山海间，空老圣明代。知音不易得，抚剑增感慨。当结九万期，中途莫先退。

李白说他自己是落魄之人，能有长史这样的亲朋是他的荣幸。他赞美李昭心胸开阔、推诚仁爱，叹自己逢圣君而不偶，时运、命运俱背，因愿与李昭结鹏程之交。

第一次来宣城时接待李白的宇文太守已解职归京，继任太守是李白的故人赵悦。李白再登敬亭山，心情却同几年前大不一样，这次没有好友相伴，孤独感油然而生。他想起好友崔成甫，于是写下

《游敬亭寄崔侍御》：

　　我家敬亭下，辄继谢公作。相去数百年，风期宛如昨。登高素秋月，下望青山郭。俯视鸳鸯群，饮啄自鸣跃。夫子虽蹭蹬，瑶台雪中鹤。独立窥浮云，其心在寥廓。时来顾我笑，一饭葵与藿。世路如秋风，相逢尽萧索。腰间玉具剑，意许无遗诺。① 壮士不可轻，相期在云阁。

　　几年未能与朋友见面，也不知他近况如何。李白在诗中对崔成甫傲然耿介的品格大加赞许，并以"壮士不可轻，相期在云阁"互勉。

　　李白日夕游览，宣城的秋色色彩纷呈，使人流连徜徉，李白的心境渐趋恬静。在此期间，他写下《自梁园至敬亭山见会公谈陵阳山水兼期同游因有此赠》《登敬亭北二小山余时送客逢崔侍御并登此地》《登敬亭山南望怀古赠窦主簿》《秋于敬亭送从侄耑游庐山序》等诗文，其中最著名的当数《独坐敬亭山》。

　　这天傍晚，李白来到敬亭山下独坐。山中如此宁谧闲静，群鸟在空山中飞过，离人越来越远，天空如此寥廓，仅有几朵闲云。李白见到如此有逸趣的景象，心里万般惆怅，吟出一首《独坐敬亭山》：

　　众鸟高飞尽，孤云独去闲。

　　相看两不厌，只有敬亭山。

---

　　① "腰间玉具剑，意许无遗诺"两句一作"愿为经冬柏，不逐天霜落"。

饱尝了人间辛酸滋味后，李白看透了世态炎凉，他对现实的不满日益加深，孤寂之感逐日增强，然而傲岸倔强的性格一如既往。料想此时独坐敬亭山的李白虽然孤独，但绝不会悲伤，反而自生出与世不同的清气，从而安于这种孤独。因为有敬亭山为伴，"相看两不厌"，他游历了众多名山大川，都不如这里值得留念。面对敬亭山，他可暂时远离尘世，忘怀得失。他为自己的心灵创造出一个寂静的境界。

李白爱名山，爱交友，爱美酒，相信机缘。他在宣州与故交广浚和尚相遇就是难得的缘分。他们在峨眉山一别后已过去三十年，今日重逢，怎能不百感交集？广浚和尚为李白抚琴，李白听琴作诗《听蜀僧濬弹琴》：

> 蜀僧抱绿绮，西下峨嵋峰。
> 为我一挥手，如听万壑松。
> 客心洗流水，余响入霜钟。
> 不觉碧山暮，秋云暗几重。

这首五律颇有古乐府的味道，李白将此时此地的情景写得既生动感人又轻快爽朗，不见半点尘埃。能在异地他乡听到如仙乐一般的琴声，李白的畅快心情溢于言表。

不仅如此，李白还有缘听到一位来自长安的胡人吹笛。或许笛声将他带到了记忆模糊的碎叶，当笛中飘出他同样熟悉的秦声时，李白潸然泪下，写下《观胡人吹笛》一诗：

胡人吹玉笛，一半是秦声。

十月吴山晓，梅花落敬亭。

愁闻出塞曲，泪满逐臣缨。

却望长安道，空怀恋主情。

笛声不仅把李白带回逝去的岁月，并由观胡人吹笛而联想到自己的身世和处境，表达他身在江海而心系秦阙之意。

游览了几遍敬亭山后，李白再向周边延伸。他首次游南陵后，写下《与南陵常赞府游五松山》一诗：

安石泛溟渤，独啸长风还。逸韵动海上，高情出人间。灵异可并迹，澹然与世闲。我来五松下，置酒穷跻攀。征古绝遗老，因名五松山。五松何清幽，胜境美沃州。萧飒鸣洞壑，终年风雨秋。响入百泉去，听如三峡流。剪竹扫天花，且从傲吏游。龙堂若可憩，吾欲归精修。

秋浦，也是不错的去处。秋浦河一年四季澄碧如镜，河道的两岸千峰竞秀，鸟鸣阵阵。这样静谧幽雅的美好景色怎能不让人迷恋呢？李白先后作《秋浦歌十七首》。

其一

秋浦长似秋，萧条使人愁。客愁不可度，行上东大楼。正西望长安，下见江水流。寄言向江水，汝意忆侬不。遥传一掬泪，为我达扬州。

其十三

渌水净素月，月明白鹭飞。

郎听采菱女，一道夜歌归。

其十五

白发三千丈，缘愁似个长。

不知明镜里，何处得秋霜。

李白还经常前往三溪之一的青溪。他在这里也写下好几首诗，如《题宛溪馆》《寄崔侍御》《入青溪行山中》《见野草中有曰白头翁者》《青溪行（一作宣州清溪）》《宣城青溪（一作入清溪山）》等。《宣城青溪》写道：

青溪胜桐庐，水木有佳色。

山貌日高古，石容天倾侧。

彩鸟昔未名，白猿初相识。

不见同怀人，对之空叹息。

李白作这首诗时已经是天宝十三年（754 年）早春了。据说，李白还曾入桃波，与一位名叫周刚的人会面，并留下《与周刚清溪玉镜潭宴别》一诗。玉镜潭是青溪的一段，风景美不胜收，热爱自然风物的李白游玉镜潭自然在情理之中。

秋浦附近还有两座大山，一是九子山（今九华山），一是黄山。九子山风光旖旎，黄山更是以奇峻冠天下。那时人们只知黄山险峻，敢游黄山的人却不多。后来，李白作《望九华赠青阳韦仲堪》，诗中写道：

> 昔在九江上，遥望九华峰。
>
> 天河挂绿水，秀出九芙蓉。
>
> 我欲一挥手，谁人可相从？
>
> 君为东道主，于此卧云松。

　　或许是因为李白到此一游，或许是因为这首诗，九子山一下变成了九华山。

　　到了黄山后，李白并没有登上峰顶，他与当地一位养白鹇的胡公闲聊，李白想买他的白鹇，但胡公不肯卖。后来二人喝了一顿酒，胡公得知这位陌生客人就是大名鼎鼎的"诗仙"后，竟将白鹇慷慨相送，李白异常惊喜，挥笔写下《赠黄山胡公求白鹇》。他在序中详细陈述了事情的来龙去脉，以表对胡公的感谢。

　　请以双白璧，买君双白鹇。白鹇白如锦，白雪耻容颜。照影玉潭里，刷毛琪树间。夜栖寒月静，朝步落花闲。我愿得此鸟，玩之坐碧山。胡公能辍赠，笼寄野人还。

　　李白在周边游历时，不仅为美景沉醉，更结交了不少当地纯情至性的人士。是年，李白收到一封陌生来信，信中说："先生好游乎？此处有十里桃花。先生好饮乎？此处有万家酒店。"信尾署名"村人汪伦"。此时李白已经把宣城及周边游览了一个遍，但还未听说过有这样好的去处。正值春暖花开时节，李白经不住喝酒、赏花的诱惑，应邀前往泾县。

船行至泾县之西陵阳溪至涩滩一段时，李白见此地怪石林立、江水湍急，船夫和渔夫们为了生存，奋力与惊涛骇浪搏斗，李白写下《下泾县陵阳溪至涩滩》。涩滩难行啊，可在它的不远处有漫山遍野的桃花可供欣赏，有飘香美酒可供尽饮，李白想至此处不觉兴致盎然。

可是，到了目的地后，李白并未看到信中所言盛景，他大感疑惑。汪伦盛情款待他，搬出用桃花潭水酿成的美酒与李白同饮，并笑着告诉李白："桃花者，十里外潭水名也，并无十里桃花。万家者，开酒店的主人姓万，并非有万家酒店。"李白听后哑然失笑。他不仅不以为被愚弄，反而被汪伦的盛情感动。他在泾县游览了这鱼米之乡，玩得十分尽兴，可谓"酒酣益爽气，为乐不知秋"①。逗留数日后，向主人告辞。汪伦带着村民们为李白踏歌送行，李白激动莫名，口占一诗。这首李白脱口而出的《赠汪伦》自此成为送别诗之千古绝唱。

> 李白乘舟将欲行，忽闻岸上踏歌声。
> 桃花潭水深千尺，不及汪伦送我情。

李白这次在宣州待了一年多，留下几十篇游览山水及迎送的诗作。期间，他还遇到一名忠实拥趸——来自王屋山的魏万。为了见"诗仙"一面，魏万一路追随李白的足迹，从宋州一路南下直到吴地。"数千里不遇……后于广陵相见"，两人终于在扬州相遇。魏万向李白陈述了自己想为李白出版诗文集的念头，李白"美其爱文好

---

① 出自李白《过汪氏别业二首·其一》。

古"，两人相谈甚欢，有"一长复一少，相看如弟兄"① 之感，成为忘年交。而后，他们不仅携手同游金陵，李白还把自己的大部分诗文交付给他，并嘱托他将来关照自己的儿子。临别时，李白作《送王屋山人魏万还王屋》一诗相赠，此后两人再未见面。

---

① 出自魏万《金陵酬李翰林谪仙子》。

归心落何处

李白在宋州、宣州、广陵等地游山玩水的这段时间，大唐的国土上发生了剧烈变化。朝廷在南北两疆开战，战争旷日持久，朝廷陷入两难局面。玩弄权术的宰相李林甫虽死，但继任宰相杨国忠与三镇节度使安禄山的争斗却刚刚开始，安禄山在北疆拥有二十余万重兵，而且还在继续招兵买马，他的反叛之心昭然若揭。

自天宝十三年（754年）始，杨国忠屡次在玄宗皇帝面前告御状，说安禄山要造反，玄宗皇帝置若罔闻。杨国忠想不到曾经励精图治、雄心万丈的皇帝如今变得老眼昏花、不辨忠奸！预知到安禄山的不轨图谋，倒不是杨国忠有先见之明，而是实在担心安禄山夺取相权。玄宗皇帝不堪其扰，对安禄山进行考验，即急召安禄山进京，结果安禄山应命即至。玄宗皇帝此后对安禄山更加偏信，又加授安禄山左仆射、闲厩使、陇右群牧使、总监事等职，加授吉温为闲厩副使。人马、粮草、后勤、监军一揽子实权都给了他两人。杨国忠仅加授司空这样一个虚衔。他不服气，下令剑南留后李宓攻南诏，到太和城，全军覆没。杨国忠见告不倒安禄山，战场上又遭惨败，心里很不平，他又状告安禄山属下吉温贪墨，玄宗皇帝贬吉温为澧阳长史。这一时期的朝中政事也很糟糕。杨国忠不仅滥用私党，将陈希烈罢相；还欺上瞒下，将多地遭受洪灾的危情隐瞒不报。这年唯一值得庆贺的是陇右、河西节度使哥舒翰打了个小胜仗。

天宝十四年（755 年）二月，安禄山派遣副将何千年入奏，请求用三十二名蕃将代替汉将，玄宗皇帝命中书省为他们颁发敕牒，授予委任状。武部尚书①同中书门下平章事韦见素对杨国忠说：“安禄山久有异志，现在又请求朝廷用蕃将代替汉将，造反之意已显明。”他请杨国忠联合弹奏，杨国忠答应了。但是，到了朝堂上，杨国忠见韦见素弹劾时玄宗皇帝一脸不悦，他立马退却了。

三月，玄宗皇帝命给事中裴士淹宣慰河北。裴士淹到范阳后，等了二十多天才见到安禄山，宣旨时，还讲究人臣之礼。裴士淹回京汇报这一情况，玄宗皇帝不以为意。杨国忠则以此为借口，捕杀安禄山在京城的客人。安禄山接到儿子的密报，反心更坚。六月，玄宗皇帝以赐庆宗成婚为由，下诏命安禄山回京观礼，但安禄山以病为由不与前来。

安禄山在与朝廷周旋的同时，也在试探。七月，他上表说将献马三千匹，每匹有执控夫二人，并派番将二十二人护送。玄宗皇帝终于醒悟，安禄山确有反心。他再派人去范阳宣旨，命安禄山十月前往华清宫新造温汤所沐浴。安禄山稳坐胡床，不起不拜。到了十月，安禄山仅派一名副将入京。此时玄宗皇帝想褫夺他的兵权，但为时已晚。十一月九日，安禄山发所部兵马及同罗、奚、契丹、室

---

① 即兵部尚书，唐玄宗天宝十一年（752 年）改，肃宗至德二年（757 年）复名兵部尚书。

韦总共十五万之众在范阳誓师起兵。他打着"清君侧"的旗号，于次日挥师南下。安禄山亲乘铁舆速进，一时烟尘滚滚，铁骑嘶鸣。玄宗皇帝闻讯后慌了，急忙将生病的哥舒翰拜为兵马副元帅，领军八万，加上高仙芝、封常清原有的兵马，共约十四万，防守潼关。

是年初夏，李白在皖南春游后回到宣城，正赶上宣州太守赵悦大宴宾客。李白酒足饭饱后，为太守作一首赞美诗《赠宣城赵太守悦》。他对这位交谊并不深的故友大加奉承，诗中多虚夸之词。之后，李白还写过两篇应酬文章《为赵宣城与杨右相书》《赵公西候新亭颂》，因赵太守曾在京城任监察御史，受杨国忠提携，所以文中对杨也有赞语。不久，南陵常赞府来当涂，李白陪游并作诗《书怀赠南陵常赞府》。此诗中，李白对杨国忠在南诏开战表示不满。

这时，李白尚不知安禄山已起兵。大约在十一月底，李白惊闻安禄山兵马正向黄河推进。他赶紧找来一匹马，整装出发，从宣城直奔商丘、开封一带。天宝十五年（756 年）冬，李白到达陈留（今河南省开封市陈留镇）附近，得知安禄山叛军尚未逼近黄河，便返身回到宋城家中。他准备与宗夫人告别，然后去东都洛阳打探消息，让门人武谔将夫人和宗家其他人转移到豫章。因宗夫人坚决与丈夫同行，李白只得将夫人带上。

在西去的途中，李白与家人见百姓纷纷向南方逃难。漫天的雪花飞舞着，覆盖了整个原野和村庄，天地间白茫茫一片。李白见状，悲愤的心情一触即发。就在李白悲天悯人、感伤不已时，他又听说安禄山攻陷了陈留、洛阳。此时，他们已临近洛阳了，越往洛阳方向走，逃难人群越混乱。李白只得携夫人继续向西，前往西岳华山。很难理解当难民都向南逃亡时，李白却携家人向西奔，他这样做是因为相信叛军打不到京城，还是想在避难时修道？上山后，李白写下一首《古风·西上莲花山》：

西上莲花山，迢迢见明星。素手把芙蓉，虚步蹑太清。霓裳曳广带，飘拂升天行。邀我登云台，高揖卫叔卿。恍恍与之去，驾鸿凌紫冥。俯视洛阳川，茫茫走胡兵。流血涂野草，豺狼尽冠缨。

就在李白携家眷千里大逃亡时，单父县尉贾贲率兵民攻下睢阳，杀死贼将张通晤，有力牵制了叛军后方。朔方节度使郭子仪率大军攻击安禄山老巢，形势似有好转。李白在潼关遇见老友高适，他们分析了眼下的形势，高适断言叛军必败。他还告诉李白，平原太守颜真卿、东平太守吴王李祗、济南太守李随等皆起兵抗贼。另外，为加强长江流域的防御，玄宗以永王璘为山南节度使，以江陵长史源洧为节度副使；又以颍王璬为剑南节度使，以蜀郡长史崔圆为节度副使。这给李白带来信心。可是，高适的话音刚落，安禄山的叛军就逼近潼关。安禄山在洛阳自立为王，称大燕皇帝。李白大失所望，只能带着宗夫人南下。途中，李白写下一组诗《奔亡道中五首》。

其一

苏武天山上，田横海岛边。

万重关塞断，何日是归年。

其四

函谷如玉关，几时可生还？

洛川为易水，嵩岳是燕山。

俗变羌胡语，人多沙塞颜。

申包惟恸哭，七日鬓毛斑。

其五

森森望湖水，青青芦叶齐。

归心落何处？日没大江西。

歇马傍春草，欲行远道迷。

谁忍子规鸟？连声向我啼。

是年五月，郭子仪、李光弼大破史思明叛军，收复河北十余郡。六月，安禄山继续西进，攻破潼关，生擒哥舒翰。双方互有胜负，战事出现复杂局面。六月十三日黎明，玄宗皇帝带着杨贵妃姊妹、太子、杨国忠、韦见素、高力士等人从延秋门出走，"亲王、妃主、皇孙以下多从之不及"。十四日，玄宗皇帝与随从逃至马嵬驿（今陕西省兴平市西），禁军将士因饥饿疲劳而气愤不已。龙武大将军陈玄礼煽动说，安禄山造反皆因杨国忠而起，须杀之。于是，军士便追杀杨国忠并屠割他的肢体，把他的头悬挂在驿门外，还杀了他的儿子杨暄及韩国、秦国夫人。玄宗帝闻讯蹒跚出屋，陈玄礼又高喊要诛杀杨贵妃，玄宗帝不允。几位大臣跪谏，高力士也在一旁劝说。玄宗帝万般无奈，只得让贵妃去佛堂，自行了断（细节无可考）。然后，陈尸于驿馆大堂。禁军几个首领查验后方令队伍前行。七月，玄宗皇帝到达扶风（今陕西省宝鸡市扶风县），准备逃亡四川。李亨在灵武即位，是为肃宗，改元至德。

大约在当年五月，李白到达豫章，随即他独自东下至当涂，期间写下《春于姑熟送赵四流炎方序》。随后，李白去往宣城，作《经乱后将避地剡中留赠崔宣城》诗。稍作逗留后他又往越中。经过溧阳，受到扶风豪士的殷勤接待。郑宰及主簿窦公嘉宾、少府宋公陟、李公济、陈公然、张公昭等见到李白十分高兴，陪李白豪饮一番。李白许久没有如此畅饮了，尽兴之后作一首《扶风豪士歌》：

197

洛阳三月飞胡沙，洛阳城中人怨嗟。天津流水波赤血，白骨相撑如乱麻。我亦东奔向吴国，浮云四塞道路赊。东方日出啼早鸦，城门人开扫落花。梧桐杨柳拂金井，来醉扶风豪士家。扶风豪士天下奇，意气相倾山可移。作人不倚将军势，饮酒岂顾尚书期。雕盘绮食会众客，吴歌赵舞香风吹。原尝春陵六国时，开心写意君所知。堂中各有三千士，明日报恩知是谁？抚长剑，一扬眉，清水白石何离离。脱吾帽，向君笑。饮君酒，为君吟。张良未逐赤松去，桥边黄石知我心。

据说此诗为李白酒醉后所作，其中酒话连篇，但细品之，则跌宕起伏，音节铿锵，实为"歌行之极则，神变不可方物"。同样是写豪放情怀，李白在溧阳作的另一首诗《猛虎行》① 也是豪情壮怀，犹如虎吟。他写道：

朝作猛虎行，暮作猛虎吟。肠断非关陇头水，泪下不为雍门琴。旌旗缤纷两河道，战鼓惊山欲倾倒。秦人半作燕地囚，胡马翻衔洛阳草。一输一失关下兵，朝降夕叛幽蓟城。巨鳌未斩海水动，鱼龙奔走安得宁。颇似楚汉时，翻覆无定止。朝过博浪沙，暮入淮阴市。张良未遇韩信贫，刘项存亡在两臣。暂到下邳受兵略，来投漂母作主人。贤哲栖栖古如此，今时亦弃青云士。有策不敢犯龙鳞，窜身南国避胡尘。宝书玉剑挂高阁，金鞍骏马散故人。昨日方为宣城客，掣铃交通二千石。有时六博快壮心，绕床三匝呼一掷。楚人每道张旭奇，心藏风云世莫知。三吴邦伯皆顾盼，四海雄侠皆相推。萧曹曾作沛中吏，攀龙附凤当有时。溧阳酒楼三月春，杨花漠漠愁杀人。

---

① 元代文学评论家萧士赟认为此诗是伪作。

胡人绿眼吹玉笛，吴歌白纻飞梁尘。丈夫相见且为乐，槌牛挝鼓会众宾。我从此去钓东海，得鱼笑寄情相亲。

李白视天下形势如楚汉相争，并以张良、韩信自况，表现了他老骥伏枥，壮心不已。

李白经过杭州，受到两个兄弟的热情接待，李白作长诗《感时留别从兄徐王延年从弟延陵》以答谢。正当他准备前往剡中时，遇到书法大家张旭。李白放弃了去剡中的计划，与张旭畅谈天下局势。畅谈一番后，张旭邀李白去越中做客，但李白为眼下的战事忧心，想去故都金陵打探消息。两人只得分道扬镳。

天宝十五年（756 年）夏末，李白第五次到达金陵。他拜会了杨宰、韩云卿等官场中人，从他们口中打探到一些最新消息，了解到局势正一步步好转，李白心里的石头终于放下了。在金陵盘桓数日后，他乘船返回豫章。

终与安社稷

　　天宝十五年秋，李白携宗夫人到庐山屏风叠隐居。屏风叠在五老峰下，东面是烟波浩渺的鄱阳湖，香炉峰瀑布和三叠泉瀑布在其东西两侧，环境清幽，溪流宛转，松木四季常青，是难得的隐居之所。一天，李白仰望五老峰，想起他曾经发过的誓言——功成身退后就在庐山隐居——心生感慨，于是作一首《登庐山五老峰》：

　　　　庐山东南五老峰，青天削出金芙蓉。
　　　　九江秀色可揽结，吾将此地巢云松。

　　最初一段时间，李白总是在山中四处游走观望，他最了不起的一"望"便是《望庐山瀑布·其二》：

日照香炉生紫烟，遥看瀑布挂前川。①
飞流直下三千尺，疑是银河落九天。

在庐山香炉峰下，远远地观赏飞瀑，那壮观的景象摄人心神。李白的描绘有些夸张，正因如此，才足以显示庐山瀑布奇丽雄伟的独特风姿，才能反映李白胸襟开阔、超群出俗的精神面貌。

战乱时到庐山隐居的人真不少。李白遇到一位来自越中的老友，两人一番忆昔抚今的谈话令李白感慨良多，作一首《赠王判官时余归隐居庐山屏风叠》：

昔别黄鹤楼，蹉跎淮海秋。俱飘零落叶，各散洞庭流。中年不相见，蹭蹬游吴越。何处我思君？天台绿萝月。会稽风月好，却绕剡溪回。云山海上出，人物镜中来。一度浙江北，十年醉楚台。荆门倒屈宋，梁苑倾邹枚。苦笑我夸诞，知音安在哉？大盗割鸿沟，如风扫秋叶。吾非济代人，且隐屏风叠。中夜天中望，忆君思见君。明朝拂衣去，永与海鸥群。

尽管越中和庐山都钟灵毓秀，但国难当头，李白无法有所作为而只能寄身山水之间，他的痛苦无处诉说，只能隐藏于字里行间。因此，此诗便在豪放和旷达之中带有几分激愤和伤感。李白虽然无数次地失望，无数次地隐居，无数次地与生活做出决绝的挥别，但当生活偶然从缝隙里给他漏出一点微弱的光芒时，他都毫不犹豫地抓住，哪怕是一丁点儿，甚至十分渺茫的希望。

李白一直密切关注山外的形势，等待官方能给他一个名分，让

---

① 此两句一作"庐山上与星斗连，日照香炉生紫烟"。

他能上战场领兵杀敌。他从南到北，从东到西，再到南方，转了一大圈，显然是在等待时机。至德元年（756年）十月，李白在庐山迎来一位重要的客人，他是李白在京城时的好友、著作郎韦子春。他如今是永王李璘的幕僚兼秘书。他带着永王的命令而来，邀请李白入幕，平定天下，匡扶世道。但李白这次没有给老熟人面子。几天后，韦子春再次前来，李白仍然没有答应。

是年底，韦子春又来了，这次他还带来五百两银子。李白本就一直在等待机会，何况朋友"三顾茅庐"，他不能再矜持下去了，于是欣然应允。但李白没想到的是他的决定遭到宗夫人的坚决反对。宗夫人劝李白以幽州之行为前车之鉴，年过半百不宜再置身官场，以求功业了。

这时，韦子春告诉李白，永王是新帝李亨的异母弟兄，唐朝宗室。玄宗皇帝任命他为山南东路、岭南、黔中、江南西路四道节度使以及江陵郡大都督，在江陵、江夏集结兵力、招募勇士，而且筹集了大量军费和粮草，沿江东下，将直驱广陵。李白雄心再起，写下《赠韦秘书子春二首》。

其一

谷口郑子真，躬耕在岩石。高名动京师，天下皆籍籍。斯人竟不起，云卧从所适。苟无济代心，独善亦何益？惟君家世者，偓促逢休明。谈天信浩荡，说剑纷纵横。谢公不徒然，起来为苍生。秘书何寂寂，无乃羁豪英。且复归碧山，安能恋金阙？旧宅樵渔地，蓬蒿已应没。却顾女几峰，胡颜见云月。

其二

徒为风尘苦，一官已白须。气同万里合，访我来琼都。披云睹

青天，扪虱话良图。留侯将绮里，出处未云殊。终与安社稷，功成
去五湖。

　　李白虽身在江湖，却心系天下苍生、江山社稷。建功立业并不
是他标榜自我的证明，而是他成就自我的途径。他在诗中反问"苟
无济代心，独善亦何益"，在他看来，男儿应该有"兼济天下"的雄
心，否则"独善其身"就没有任何意义。他从未想过功成名就后要
尽享荣华，而是"功成去五湖"，做个真正的隐士。但他不知道的
是，同在江南的萧颖士、孔巢文、刘晏等名士也曾被永王所邀却拒
不参加。他也不知道，玄宗的平叛诏令下达不久，太子李亨便在灵
武即位成为皇帝，玄宗成了太上皇。与新皇帝的政令相比，太上皇
的诏令失去了最高权威。而新皇给永王的诏令是让他回到自己的领
地，做好分内之事。江南无尽的繁华动摇了李璘的心志，他突然觉
得，现在天下大乱，自己手握重兵，若能割据江南，岂不是也能创
造一番伟业？因此李璘抗旨不从，执意调兵遣将，永王李璘的平叛
之师一夜之间成了另一支叛乱之军。此时的李白一心报国，却不料
卷入新皇李亨和永王李璘的兄弟之争。更可叹的是，他幻想自己辅
助贤王，于谈笑间平定叛乱。
　　李白将宗夫人在豫章安顿好后准备赶赴行程。临行前，宗夫人
紧握着丈夫的手久久不愿松开，李白劝慰夫人，作《别内赴征三
首》。其中，第二首写得最具豪气，也最能反映李白出山时的心态；
另外两首则多了些闺怨、离愁、相思苦。

其二

出门妻子强牵衣，问我西行几日归。
归时倘佩黄金印，莫学苏秦不下机。

至德元年十二月下旬，永王率荆州所有大军东下，然后北上抗敌。李白于至德二年（757 年）正月前往浔阳向永王报到。风华正茂的永王在浔阳江最大的战船上为李白接风洗尘，大宴宾客。宴席上，李白结识了永王麾下的诸多谋士和武将。他们一个个意气风发，慷慨激昂，抱着与安禄山叛军决战到底的信心。李白很感动，大受鼓舞，即兴赋诗《在水军宴赠幕府诸侍御》：

　　月化五白龙，翻飞凌九天。胡沙惊北海，电扫洛阳川。虏箭雨宫阙，皇舆成播迁。英王受庙略，秉钺清南边。云旗卷海雪，金戟罗江烟。聚散百万人，弛张在一贤。霜台降群彦，水国奉戎旃。绣服开宴语，天人借楼船。如登黄金台，遥谒紫霞仙。卷身编蓬下，冥机四十年。宁知草间人，腰下有龙泉。浮云在一决，誓欲清幽燕。愿与四座公，静谈金匮篇。齐心戴朝恩，不惜微躯捐。所冀旄头灭，功成追鲁连。

　　随后，永王宣布任李白为大都督府参军。望着永王威武的雄师、战舰罗列、旌旗蔽空、号角震天，李白踌躇满志，豪气干云，对战争的胜利充满信心。

第八章

夜郎长流

　　投身永王行营，李白仿佛回到仗剑行侠的青年时代，他踊跃献计，积极颂歌，自比历史上有名的侠义之士，希望有一番作为。然而永王兵溃后，唐肃宗以雷霆手段处理此事，李白先是在浔阳入狱，经友人营救后出狱。暂得自由的李白故态复萌妄议朝政，被流放夜郎。一路的颠沛流离让李白无限怅惘，直到朝廷发布一条恩赦令，李白的人生又遇急转弯……

虚言误公子

至德二年（757年）正月十二日，永王率水师到达长江下游重镇芜湖，突然接到吴郡太守兼江南东路采访史郑王李希言的一封移文，诘问永王为何擅自起兵东下。永王还得知，李希言已派遣他的大将元景曜和丹徒太守阎敬之率军三千人在采石矶设下阵式，阻止永王的大军前行。永王采取强硬手段，下令突破。不日即从采石矶传来消息，永王军已击败元景曜、阎敬之军，元景曜投诚，阎敬之被杀。永王大军继续东下，前锋直抵金陵。

在此期间，朝廷内暗流涌动，许多大臣弹劾永王擅自起兵东下，欲夺金陵为大本营，图谋占据江南广大领土，割据一方。永王听闻朝廷动向后，惊骇不已，紧急召集将领和谋士商议。李白建议说："殿下的忠义可昭彰日月，神鬼共鉴！谣言固不必理睬，然李希言采访史和李成式采访史皆派兵阻截，事态已然严重。卑职以为，应再上书太上皇和肃宗帝，申明缘由；且大军应尽快北上剿贼，以行动证明清白。"永王采纳了李白的建议，命令大军一分为二，命季广琛为先锋使，率五千军乘舰从水路直趋广陵，派浑惟明率步军七千趋润州，为大军渡江开辟前进道路。

几日后，水陆主力抵达润州，这是一个军事重镇，位于长江、京杭大运河交汇处，南控江南运河，北扼长江。能否取下润州也决定了永王全军的命运。早晨太阳刚升起时，永王下令谋士和将军全体登岸。李白与众人一同登上北固山，放眼远眺，见天水相连，茫茫一派；近处战舰旗、帆遮天蔽日，威武雄壮，李白振奋不已，才思翻涌，写下《永王东巡歌十一首》。

其一

永王正月东出师，天子遥分龙虎旗。
楼船一举风波静，江汉翻为雁鹜池。

其二

三川北虏乱如麻，四海南奔似永嘉。
但用东山谢安石，为君谈笑静胡沙。

其三

雷鼓嘈嘈喧武昌，云旗猎猎过寻阳。
秋毫不犯三吴悦，春日遥看五色光。

其四

龙蟠虎踞帝王州，帝子金陵访古丘。
春风试暖昭阳殿，明月还过鳷鹊楼。

其五

二帝巡游俱未回，五陵松柏使人哀。

诸侯不救河南地，更喜贤王远道来。

其六

丹阳北固是吴关，画出楼台云水间。

千岩烽火连沧海，两岸旌旗绕碧山。

其七

王出三江按五湖，楼船跨海次陪都。

战舰森森罗虎士，征帆一一引龙驹。

其八

长风挂席势难回，海动山倾古月摧。

君看帝子浮江日，何似龙骧出峡来。

其九①

祖龙浮海不成桥，汉武寻阳空射蛟。

我王楼舰轻秦汉，却似文皇欲渡辽。

其十

帝宠贤王入楚关，扫清江汉始应还。

初从云梦开朱邸，更取金陵作小山。

---

① 元代文学评论家萧士赟认为此诗是伪作。

其十一

试借君王玉马鞭，指挥戎虏坐琼筵。

南风一扫胡尘静，西入长安到日边。

直到此时，李白依然认为永王出师是奉天子之命。他青春焕发，饱含政治热情，把干预现实和追求理想相结合，不吝笔墨地讴歌永王，将永王比作秦皇汉武，把自己比作张良、诸葛亮、谢安，于国家危难之际临危受命，挽狂澜于既倒。他完全相信自己能纵横乱世，解救天下苍生，充满乐观主义精神。

这时，"安史之乱"发生了戏剧性的变化。不可一世的安禄山被他的儿子安庆绪所杀，安庆绪即位大燕皇帝。安禄山善于排兵布阵，他的死对于李唐王朝而言是个好消息。战局好转的情况下，刚刚即位的皇帝怎会容忍胞弟拥兵自重呢？肃宗皇帝在不告知永王的情况下，派宦官啖廷瑶、段乔福至广陵和彭城，下诏驻守在彭城的河北招讨叛官李铣率兵南下，与李成式合兵讨伐永王；同时加授高适为御史大夫、扬州大都督府长史、淮南节度使，诏与淮南西道节度使、江东节度使，率江淮大军讨伐永王。

李白终于感觉到永王营中的诡异气氛，永王以及他手下大将浑惟明、季广琛等人表情凝重，似乎一场大战迫在眉睫。但敌人不是安禄山的叛军，而是肃宗亲自调派前来讨伐的将士。对于高适的到来，李白内心并无波澜，昔日结伴同游的情谊早已消散殆尽。他和永王一样，为肃宗皇帝下达的讨伐诏令感到震惊和悲愤。永王幼年丧母，从小与肃宗皇帝亲厚。他长在深宫，享尽富贵，却不通事理。路过江南之地，见当地民风富庶，便想割据一方以抵抗战乱。但他从未觊觎皇位，肃宗皇帝竟不顾及多年兄弟情义，初登帝位便欲将异母胞弟置于死地。除此之外，李白还哀叹平乱大业未竟，就因兄弟阋墙而殃及数万将士的性命，其残忍无情令人心痛。

永王进退两难，只能滞留润州观望。但朝廷各路大军已经逼近，永王不想开战，于是再次召集众将领商议对策。有人主张与朝廷对抗，打过长江去；有人主张退守一地，与肃宗皇帝消除误会；还有人为了免除将士的无谓牺牲，建议立刻解散军队，交出兵权。最终，永王选择了最后一条建议，将大部分军队解散，交出兵权。季广琛率部下投广陵，浑惟明归江宁，永王只带很少一部分人回江陵。结果，半路上听闻江陵大本营已被占领，归途被堵，永王只能同高仙琦将军率部逃向洪州。二月二十日，永王逃至豫章南，被皇甫侁诛杀。

当时，李白也随永王退往豫章。到豫章后，李白独自率家人欲奔岭南。途中听说永王被杀，李白悲愤莫名，作一首《南奔书怀》①：

遥夜何漫漫，空歌白石烂。宁戚未匡齐，陈平终佐汉。橹枪扫河洛，直割鸿沟半。历数方未迁，云雷屡多难。天人秉旌钺，虎竹光藩翰。侍笔黄金台，传觞青玉案。不因秋风起，自有思归叹。主将动谗疑，王师忽离叛。自来白沙上，鼓噪丹阳岸。宾御如浮云，从风各消散。舟中指可掬，城上骸争爨。草草出近关，行行昧前算。南奔剧星火，北寇无涯畔。顾乏七宝鞭，留连道傍玩。太白夜食昴，长虹日中贯。秦赵兴天兵，茫茫九州乱。感遇明主恩，颇高祖逖言。过江誓流水，志在清中原。拔剑击前柱，悲歌难重论。

李白认为永王毕竟是奉玄宗的分置制诏行事，罪不至死，他为

---

① 元代文学评论家萧士赟认为此诗是伪作。

永王遭此惨祸鸣不平，为肃宗如此残忍而忧愤。

肃宗皇帝在平定永王大军后，又下诏逮捕追随永王的人。永王的部众有的被杀，有的被抓，剩下的全作鸟兽散。李白跟随永王不到两个月，也被列入追捕名单。在奔亡途中，李白写下别具一格的《独漉篇》：

独漉水中泥，水浊不见月。不见月尚可，水深行人没。越鸟从南来，胡鹰亦北渡。我欲弯弓向天射，惜其中道失归路。落叶别树，飘零随风。客无所托，悲与此同。罗帏舒卷，似有人开。明月直入，无心可猜。雄剑挂壁，时时龙鸣。不断犀象，绣涩苔生。国耻未雪，何由成名？神鹰梦泽，不顾鸱鸢。为君一击，鹏抟九天。

李白始终认为自己是抱着扫平叛乱、为国雪耻的雄心而入永王幕府，怎么一下子变成了叛军呢？一夜之间，他从永王的座上客变成了朝廷钦犯，而且是"附逆作乱"的重罪。

李白在逃至浔阳附近的彭泽时，被官军羁押，关到浔阳监狱中。此时，李白有冤无处诉，欲哭还无泪。入狱后，宗家人人为之四处奔走，鸣冤求情。宗夫人不惜抛头露面，为丈夫找关系、托人情。李白在狱中得知后，感动得痛哭流涕，作一首《在浔阳非所寄内》：

闻难知恸哭，行啼入府中。多君同蔡琰，流泪请曹公。知登吴章岭，昔与死无分。崎岖行石道，外折入青云。相见若悲叹，哀声那可闻。

李白把妻子想象为三国时期的奇女子蔡文姬，他用蔡文姬的故事委婉地请求宗夫人设法营救。他自己也尽力想办法为自己脱罪。

五月，丞相崔涣加授江淮宣谕选补使，来到江州。李白入朝期间，曾与之交好。他得知李白被关在浔阳狱中，立即亲往监狱探视，吩咐狱卒厚待李白，并请李白尽快写明诉状，他将亲写奏章，求圣上赦免李白之罪。李白连夜写完诉状，还写下三组诗。第一组是《系浔阳上崔相涣三首》：

其二
毛遂不堕井，曾参宁杀人。
虚言误公子，投杼惑慈亲。
白璧双明月，方知一玉真。

第二首诗是《狱中上崔相涣》：

胡马渡洛水，血流征战场。千门闭秋景，万姓危朝霜。贤相燮元气，再欣海县康。台庭有夔龙，列宿粲成行。羽翼三元圣，发辉两太阳。应念覆盆下，雪泣拜天光。

第三首诗是《上崔相百忧章》。"愤、忧、愁、泣"这些在李白以往诗中很少见到的字眼，全都出现在这三首诗中。可见身陷囹圄的李白悲愤痛苦到何等程度。入狱期间，李白昔日的好友左司郎中魏其芳随崔相来狱中探望，李白又作《万愤词投魏郎中》：

海水渤潏，人罗鲸鲵。蓊胡沙而四塞，始滔天于燕齐。何六龙之浩荡，迁白日于秦西。九土星分，嗷嗷凄凄。南冠君子，呼天而啼。恋高堂而掩泣，泪血地而成泥。狱户春而不草，独幽怨而沉迷。兄九江兮弟三峡，悲羽化之难齐。穆陵关北愁爱子，豫章天南隔老妻。一门骨肉散百草，遇难不复相提携。树榛拔桂，囚鸾宠鸡。舜昔授禹，伯成耕犁。德自此衰，吾将安栖？好我者恤我，不好我者何忍临危而相挤？子胥鸱夷，彭越醢醯。自古豪烈，胡为此繫？苍苍之天，高乎视低。如其听卑，脱我牢狴。傥辨美玉，君收白珪。

像李白这样高傲的人，要低声下气去求人援救，实在太难为他了。但是性命攸关，已容不得他多想。性命总比面子重要，人死了，要面子何用？

随后，御史中丞、幕府节度判官宋若思来到狱中探视，形容枯槁的李白又向他倾诉冤屈。宋若思是宋之悌的长子、文学大家宋之问的侄子，其父与李白有过很深的交往，因此他视李白为长辈，对李白很尊重。他为李白脱罪一事上下奔走。不久，朝廷下诏，鉴于李白是临时胁行，可暂放出狱，待将永王事体彻底查清后再作处置。李白终于被救出狱了。出狱后，宋若思意欲聘请李白为采访使幕府参军，随大军前往凤翔行在，再度为国家出力，李白欣然答应。他写下一首《中丞宋公以吴兵三千赴河南军次寻阳脱余之囚参谋幕府因赠之》诗，以表答谢。

独坐清天下，专征出海隅。九江皆渡虎，三郡尽还珠。组练明秋浦，楼船入郢都。风高初选将，月满欲平胡。杀气横千里，军声动九区。白猿惭剑术，黄石借兵符。戎虏行当剪，鲸鲵立可诛。自怜非剧孟，何以佐良图？

尽管昨日还锁链缠身，今日的李白仍是满篇豪言壮语。再没有比李白更像硬汉的人了，他把自己比作西汉大侠剧孟，面对"戎虏""鲸鲵"，"杀气横千里"。

是年七月初，大军从浔阳开拔。临行前，李白为宋若思作《为宋中丞祭九江文》。在武昌，李白又作一首《陪宋中丞武昌夜饮怀古》：

清景南楼夜，风流在武昌。
庾公爱秋月，乘兴坐胡床。
龙笛吟寒水，天河落晓霜。
我心还不浅，怀古醉余觞。

宋若思感念李白的满腹才华，出面向朝廷推荐李白，请求朝廷授李白一个京官衔。请官的表章由李白代写，以宋若思的名义上报朝廷。这道表章就是《为宋中丞自荐表》。写该表前，李白与宋若思对时局进行了深入的分析与探讨，认为叛军势力依然强大，两京的克复非一日之功；皇帝在凤翔处于十分不利的位置，一是叛军不断向凤翔进犯，二是吐蕃、同罗、回纥的军队从西、北两边向关西压境，形成两面受敌的态势。而江南乃万危一安之地，金陵地处要冲，是临时建都的好处所。

表文写得真实简练，却惹来祸端，因内容涉及一般臣子不敢碰触的问题——为国运而迁都。果然，几天后朝廷的敕令便传至江夏，严厉斥责宋中丞不应妄议迁都，动摇蛊惑民心和军心；更不应推荐有罪之人，有失大臣之体。李白刚点燃的希望火苗，一下子被这盆冷水扑灭了。

八月，李白决定离开采访使幕府，以免连累宋若思。事已至此，宋中丞也无可奈何，只得含泪送别"诗仙"，然后率军赴河南战场。

愿得风吹到夜郎

　　至德二年八月，李白告别宋若思后，乘船顺长江东下，准备投奔宿松县（今安徽省宿松县）令闾丘敏，同时游览大别山风光。宿松是一个有山有水的好地方。高峰由数座山峰构成，主峰似一柱擎天，人称"天柱"。山上多石岩洞窟，山峰之间有一湖，平静光亮如镜。九月，李白乘船至此，远望群峰，作一首《江上望皖公山》：

　　奇峰出奇云，秀木含秀气。清宴晏公山，巉绝称人意。独游沧江上，终日淡无味。但爱兹岭高，何由讨灵异。默然遥相许，欲往心莫遂。待吾还丹成，投迹归此地。

　　他一到宿松就大病一场，心情有些抑郁。倒是闾县令听说"诗仙"造访，非常高兴。这位好舞文弄墨的县令一边陪李白游览胜景，一边与他切磋诗文。游览了北面的司空山后，李白作《题舒州司空山瀑布》道：

断崖如削瓜，岚光破崖绿。

天河从中来，白云涨川谷。

玉案赤文字，世眼不可读。

摄身凌青霄，松风拂我足。

诗风还是一如既往的豪迈，但李白内心却满是忧伤。间公陪他喝酒，他竟一反常态，没什么酒兴，反而不断打听山外的形势。

九月，以丞相兼河南节度、采访使，都统河南、淮南等道诸军的张镐，经汉水去庐州。打听到李白在宿松，便来信问候，信中谈及战事进展。李白十分感激，写下《赠张相镐二首（时逃难在宿松山作）》。诗其二道：

本家陇西人，先为汉边将。功略盖天地，名飞青云上。苦战竟不侯，富年颇惆怅。世传崆峒勇，气激金风壮。英烈遗厥孙，百代神犹王。十五观奇书，作赋凌相如。龙颜惠殊宠，麟阁凭天居。晚途未云已，蹭蹬遭谗毁。想像晋末时，崩腾胡尘起。衣冠陷锋镝，戎虏盈朝市。石勒窥神州，刘聪劫天子。抚剑夜吟啸，雄心日千里。誓欲斩鲸鲵，澄清洛阳水。六合洒霖雨，万物无凋枯。我挥一杯水，自笑何区区。因人耻成事，贵欲决良图。灭虏不言功，飘然陟蓬壶。惟有安期舄，留之沧海隅。

这与李白年轻时写的自荐书多么相似，年过半百的他仍然相信自己能报效国家。此前不久，比他资历更浅的杜甫因"麻鞋见天子，衣袖露两肘"① 官拜左拾遗，如愿进入中枢。他似乎又看到希望的曙光，幻想再入长安，为朝廷扫清残敌效力。李白就是这样，只要一

<hr>

① 出自杜甫《述怀一首（此已下自贼中窜归凤翔作）》。

有机会，他就要重新站起来施展抱负。虽然为宋若思代拟的那份自荐表让中丞受到批评，但他依然坚信，只要自己出现在长安，出现在肃宗面前，就一定有机会。他这次向张镐吐露心声算是找到了正确的对象。张镐一向以清廉爱士自诩，且位高权重，在朝堂上说话有分量。李白的性命得以保全，很可能得到了一些像张镐这样的实权人物的有力救助。

是年九月，郭子仪率军收复长安和洛阳，万民欢腾。在陕郡大破贼军，黄河以南全部克复，中原战事继续向有利方向发展。十月，肃宗皇帝回到长安，十五日，在京城宣布大赦。李白有些亢奋，写下一组诗《上皇西巡南京歌十首》：

其一
胡尘轻拂建章台，圣主西巡蜀道来。
剑壁门高五千尺，石为楼阁九天开。

其二
九天开出一成都，万户千门入画图。
草树云山如锦绣，秦川得及此间无。

其三
华阳春树号新丰，行入新都若旧宫。
柳色未饶秦地绿，花光不减上阳红。

其四
谁道君王行路难？六龙西幸万人欢。
地转锦江成渭水，天回玉垒作长安。

217

其五

万国同风共一时，锦江何谢曲江池。

石镜更明天上月，后宫亲得照蛾眉。

其六

濯锦清江万里流，云帆龙舸下扬州。

北地虽夸上林苑，南京还有散花楼。

其七

锦水东流绕锦城，星桥北挂象天星。

四海此中朝圣主，峨眉山下列仙庭。

其八

秦开蜀道置金牛，汉水元通星汉流。

天子一行遗圣迹，锦城长作帝王州。

其九

水绿天青不起尘，风光和暖胜三秦。

万国烟花随玉辇，西来添作锦江春。

其十

剑阁重关蜀北门，上皇归马若云屯。

少帝长安开紫极，双悬日月照乾坤。

玄宗皇帝逃到四川后，曾一度以成都为"南京"。从字面意思来看，李白这十首诗写得雍容华贵，是对玄宗的颂扬之辞，既颂扬西巡之盛，又颂扬蜀中之美。即使当翰林待诏时，李白也未写过这样阿谀奉承的诗作。李白刚刚因歌颂永王东巡而获罪，莫非现在又想以歌颂太上皇西巡而脱罪？如果真的有人这样想，恐怕歪曲了李白的本意。细读这些华美的诗篇，其中的真实味道逐渐显现，读者不妨想象一下，玄宗皇帝逃奔蜀地时是怎样一副光景。那时长安已被叛军攻陷，玄宗带着一行人匆忙出逃，惶惶然如丧家之犬，中途还发生了悲惨的"马嵬驿兵变"。本是让皇家颜面扫地之事，李白却说"谁道君王行路难？六龙西幸万人欢。地转锦江成渭水，天回玉垒作长安"，这不是揶揄，又是什么呢？如今玄宗皇帝返回京城，却变成太上皇，新皇帝早已君临天下，这不是欲盖弥彰的子夺父权吗？可是李白偏说"剑阁重关蜀北门，上皇归马若云屯。少帝长安开紫极，双悬日月照乾坤"，这样的讽刺何等辛辣！

所谓"上皇西巡南京"，对玄宗、肃宗而言都不是光彩的事，因此众人都讳莫如深。任性的李白可管不了那么多，他堂而皇之地把这件事写出来。通读十首诗，竟看不出玄宗皇帝是在大逃亡，更像是又一次去泰山举行封禅大典。李白是故意愚弄，还是为了表现他的美刺大手笔呢？可能在举国狂欢的氛围中，他满肚子的郁怒之气只能靠这十首颂扬之诗发泄一番吧。

故态复萌的李白高兴得太早了。在他有所期盼时，朝廷传来一个对他极为不利的消息——肃宗皇帝开始秋后算账了。李白的希望又一次破灭！他没有料到肃宗竟对永王之事如此耿耿于怀，把永王视同叛贼安禄山、永王的军队视同安禄山的叛军。李白被判流放夜郎（今贵州省桐梓一带）。

若要论及肃宗的狭隘心胸，与玄宗皇帝好猜忌的秉性一脉相承。玄宗皇帝在位时猜忌他的每个儿子，曾一日内连杀三子。肃宗皇帝李亨在太子李瑛被杀后"替补"成为太子，到灵武称帝时，他已在玄宗皇帝身边做了十八年太子。宫廷斗争的残酷磨炼了他果断、隐忍的性格，他最忌惮的不是像安禄山这样的叛贼，而是有可能暗算他的兄弟。因此，一旦兄弟露出谋逆苗头，他便会连根拔起，彻底铲除。

从肃宗李亨与永王李璘的兄弟关系来讲，他们虽是同父异母，但素来亲厚，李璘年幼丧母，一直由李亨抚养，晚上还常在李亨怀里睡觉。两人名为兄弟，却情同父子。正因为他们感情深厚，肃宗皇帝才会将杀死永王的皇甫侁革职罢官，终身不再续用。政治斗争、利益勾连、个人性情使肃宗呈现出多面人格，也决定了李白的人生命运。

肃宗皇帝回到长安后的清算行动，把安禄山的叛军和投靠安禄山的逆党一并铲除，甚至不放过永王麾下的小人物。李白见故相陈希烈、永王幕僚主韦子春被杀，驸马张垍被流放，便知自己不可能洗脱罪名，于是老老实实踏上流放之路。宗夫人和弟宗璟闻讯后迅速赶至浔阳，他们为李白准备了一些日用品和银两。自永王起兵失败后，宗氏姐弟为了给李白洗刷罪行，四处撒银子，见佛就拜，受尽世人白眼。李白心中羞愧难当，含泪作《窜夜郎于乌江留别宗十六璟》：

君家全盛日，台鼎何陆离。斩鳌翼娲皇，炼石补天维。一回日月顾，三入凤凰池。失势青门傍，种瓜复几时？犹会众宾客，三千光路岐。皇恩雪愤懑，松柏含荣滋。我非东床人，令姊忝齐眉。浪迹未出世，空名动京师。适遭云罗解，翻谪夜郎悲。拙妻莫邪剑，及此二龙随。惭君湍波苦，千里远从之。白帝晓猿断，黄牛过客迟。遥瞻明月峡，西去益相思。

这首五言古诗是李白踏上流放之路前的一曲含冤负屈、感慨伤怀之悲歌。他明明怀着一腔热血，誓愿为国效死、平叛战场，只因卷入统治集团内部争斗而受牵连。尽管有那么多亲朋挚友四处奔走为李白开罪，却始终得不到宽宥，想不到统治者竟如此刻薄寡恩。但他要对亲往送行的妻子宗氏及妻弟宗璟表达致谢，此去路途迢迢，生死难卜，也许就是永诀，李白心中充满了悲凄和遗恨。

李白的好友、名士孔巢文也曾被永王招募，但与李白相比，孔巢文在政治上不仅能见微知著，还能高瞻远瞩；李白则缺乏政治头脑，动机单纯。他入永王幕之举，已是置身险地，后来还释放激情，意气风发地留下《永王东巡歌十一首》。如此授人以柄之举，不被株连才怪！

李白是任性的，想说什么、想做什么皆随心而行，几乎没有任何约束。被宋若思、崔涣等人合力搭救出狱后，李白曾不加掩饰地表露出对肃宗、永王兄弟相残的不满，这不是自惹事端吗？他的一首《树中草》这样写道：

鸟衔野田草，误入枯桑里。
客土植危根，逢春犹不死。
草木虽无情，因依尚可生。
如何同枝叶，各自有枯荣？

这首诗借用乐府《杂曲歌辞》旧题，以同一棵树上的枝叶作喻，一株田间草被鸟儿衔到枯树的树洞里，借着树洞里的一点泥土，小草居然活了下来。草木这样的无情之物尚能相依为命，兄弟为何要斗个你死我活？尾联两句与当年曹植的"本是同根生，相煎何太急"

有异曲同工之妙，都是对兄弟相残的尖锐讽刺。另外，李白在《箜篌谣》一诗里，更是直言不讳地写道：

攀天莫登龙，走山莫骑虎。贵贱结交心不移，唯有严陵及光武。周公称大圣，管蔡宁相容。汉谣一斗粟，不与淮南舂。兄弟尚路人，吾心安所从？他人方寸间，山海几千重。轻言托朋友，对面九疑峰。开花必早落，桃李不如松。管鲍久已死，何人继其踪。

李白借用西汉典故说事，表面似说结交挚友之难，实指兄弟不睦。当年汉文帝将弟弟淮南王刘长流放四川，淮南王性格刚烈，在流放途中绝食而死，因而民间有歌谣唱道："一尺布尚可缝，一斗粟尚可舂，兄弟二人不相容。"李白将批判的矛头直指肃宗。

另外，李白的《上留田行》《雉朝飞》等也是具有讽刺意义的诗歌。在复杂的政治环境下，李白直抒胸臆，不加掩饰，后果可想而知。但面对常年任性的李白，别人又有什么办法呢？在他的一次次"无意"中，谁都能找出他的几条罪状。对于想要进身仕途的李白来说，他还有一大毛病，就是不管对象是谁，只要他不高兴，都敢直接说出心中所想，即使是当今天子。

至德二年（757年）十二月四日，玄宗皇帝回到长安。为庆祝太上皇返回京城，朝廷从当月十五日开始，赐酺五日。这五天里，老百姓可以尽情狂欢，一般的囚犯也可以吃肉喝酒，而李白因身犯流罪，被剥夺了参与此庆的资格。对于李白而言，这是莫大的耻辱。在无限酸楚中，他心中极不畅快，写下《流夜郎闻酺不预》一诗：

北阙圣人歌太康，南冠君子窜遐荒。
汉酺闻奏钧天乐，愿得风吹到夜郎。

从字面上看，这首诗直接写出李白希望欢快的氛围能随风吹到夜郎，陪伴他，让他能分享其中的一点喜悦。但其中隐含着问责与指责：饮酒吃肉、听歌赏舞，可是没有我李白的份，为什么会这样？难道是我李白酿成了这场大难？难道是我李白让天下生灵涂炭？到底谁应该为这场灾难负责？追根问底，自然追到皇帝头上去了。

何日金鸡放赦回

至德二年冬，浔阳江畔雪花纷飞，寒风萧萧。李白从浔阳出发，踏上了流放夜郎的漫漫旅途。李白所判之罪是长流，即一去不返，而此时李白已届暮年，"夜郎万里道，西上令人老"，念及此，不由得倍感忧伤。因李白声名在外，前来为他送行的人很多。李白沿路受到地方官的饯行，有人知道他爱酒，便为他寻来好酒好菜，让他豪饮一番。李白每到一处都要作诗答谢，最具代表性的是《流夜郎赠辛判官》：

昔在长安醉花柳，五侯七贵同杯酒。气岸遥凌豪士前，风流肯落他人后？夫子红颜我少年，章台走马著金鞭。文章献纳麒麟殿，歌舞淹留玳瑁筵。与君自谓长如此，宁知草动风尘起！函谷忽惊胡马来，秦宫桃李向明开。我愁远谪夜郎去，何日金鸡放赦回？

披枷带锁，引吭高歌，这是怎样一幅悲壮凄美的图景！诗中，李白回忆了他最光辉的一段岁月，与当朝权贵们开怀畅饮，那时的他风华正茂，豪气干云。手握金鞭，走马章台，流连琼筵，出入宫掖，歌舞声中尽情享受。本以为这种生活会延续下去，谁料风云突变，祸从天降。最后他掩饰不住被贬夜郎的愁苦与企盼赦还的急切心情，"我愁远谪夜郎去，何日金鸡放赦回"。

在同一首诗里，李白既是得意的，又是痛苦的。无论得意还是痛苦，李白都是那么真实。在更多的痛苦与不称意中，他将自己的精神放飞在大自然中，放飞在睥睨一切的狂放与飘逸中。

乾元元年（758年）八月，船行至江夏，沔州刺史杜公、汉阳县令王公作东道主，掾吏文士辅翼、岑静作陪，一同在沔州城南湖中欢宴。李白端起酒杯，向湖中望去，青山印倒影，莲舟荡晚风，一副清静图景展现在眼前。李白将杯中酒一饮而尽，挥毫作《流夜郎至江夏陪长史叔及薛明府宴兴德寺南阁》：

绀殿横江上，青山落镜中。
岸回沙不尽，日映水成空。
天乐流香阁，莲舟飏晚风。
恭陪竹林宴，留醉与陶公。

在同一个地方，同样以酒起兴，李白还写下一首《泛沔州城南郎官湖》：

张公多逸兴，共泛沔城隅。当时秋月好，不减武昌都。四座醉清光，为欢古来无。郎官爱此水，因号郎官湖。风流若未减，名与此山俱。

李白在本诗的序中写道与朋友张谓等人游赏沔州城南莲花湖的经过与感受，并交代了为莲花湖改名的因由。诗看似平淡无奇，但内涵深广，格调高远，显示出诗人傲岸的个性。写湖也是写人，显示了李白的自信和豁达，以及对湖名垂史的愿望。

李白还在江夏走访了李邕故居修静寺。在同样的时节，不同的地点，李白睹物思人，留下一首《题江夏修静寺》：

> 我家北海宅，作寺南江滨。
> 空庭无玉树，高殿坐幽人。
> 书带留青草，琴堂幂素尘。
> 平生种桃李，寂灭不成春。

修静寺由李邕旧宅而建。因为李白和李邕是非常要好的朋友，因此他一开篇就说"我家北海宅"，他的家就是我的家，我的家就是修静寺，亲切动人。修静寺其貌不扬，殿内有僧人独坐，书房上长了青草，琴堂也满是灰尘。"平生种桃李，寂灭不成春"两句很有内涵。李邕生前奖掖后进，培养人才，桃李满天下，却晚景凄凉，最终被杖毙于朝堂上。李白睹物思人，同情李邕的遭遇，景仰他的高山品格，怀念与他交游的旧事。他与李邕一样，是傲岸不羁之人，因而格外感叹李邕平生广结宾朋而身后寂寞的浇薄世风。眼下，李白自己也在年近六旬时流放夜郎，遭遇何其相似。他悼念李邕的同时，又何尝不是在为自己伤怀！

仲夏，李白行舟至洞庭，遇上被贬谪的朋友郄昂，李白想劝慰好友，于是作《送郄昂谪巴中》一诗：

> 瑶草寒不死，移植沧江滨。

东风洒雨露，会入天地春。

予若洞庭叶，随波送逐臣。

思归未可得，书此谢情人。

李白将不死草拟人升华，似在写景，实为写情。同为谪人，他与郜昂同病相怜，两人遭遇相同，希冀相同。诗句写得委婉含蓄，耐人寻味。李白勉励朋友坚持志节，于悲思之中又寄寓壮心。

李白行舟缓慢，直到秋天才到三峡，他的愁思越拉越长。回想三十多年前，仗剑去国，正是经三峡出蜀，那时是何等意气风发、豪情万丈！可是这次来到三峡，他的情绪低落到极点，船行缓慢，没有足够的酒喝，只能以吟诗解忧，作诗《上三峡》聊以慰藉：

巫山夹青天，巴水流若兹。

巴水忽可尽，青天无到时。

三朝上黄牛，三暮行太迟。

三朝又三暮，不觉鬓成丝。

这是长江最险峻、难行的一段，船行得更慢了，妻子宗氏和妻弟也已告别返回南昌，李白的心境更加孤独，情绪更坏。诗歌明写逆水行船艰难，船行缓慢，实际表达的是他的切身感受。因船行缓慢而愁白了头，包含着时光难度、逆境难熬的感受。整首诗自然真率、气象雄伟、意境开阔，丝毫不给人虚夸之感。

李白极力描绘巫山高入云天、巴水急流滚滚的壮丽景色，是为了为抒情做铺垫。与三十多年前相比，巫山还是那般巍然峻立，巴水也还是那般湍急流去，改变的只是李白的心境。当年他自视甚高，自诩"大鹏一日同风起，扶摇直上九万里"，可如今他历经沧桑，老来落得流放夜郎的下场，因而只能感叹"巴水忽可尽，青天无到时"。水天相接，巴水的尽头就是高远的青天，可是他却永远不能扶摇于青天之上。

所谓景由心生，舟行三峡之上，望着船下的流水，李白想：这不是当年"万里送行舟"的故乡水吗？当年他心情畅快，感叹"巴水急如箭，巴船去若飞"（《巴女词》）；如今他心情苦闷，感到船走得太慢，"三朝上黄牛，三暮行太迟。三朝又三暮，不觉鬓成丝"。西陵峡中有黄牛山，山顶有石，如人负刀牵牛。山高而水绕，旅客舟行几日，仍可望见黄牛石。故有民谣："朝发黄牛，暮宿黄牛。三朝三暮，黄牛如故。"李白想起这几句民谣，不觉深有同感。日子苦了，便觉得日子难熬；如果日子过得幸福快乐，便会有时光飞逝、日月如梭之感。

途中，李白见到的一草一木、一花一叶都会引发他的联想，他看见向日葵，觉得向日葵尚能以自己的叶子护卫根株，而自己却连家也守不住；看见木瓜，又觉得自己的心比木瓜还酸；见到朋友，感叹自己因流放而泪尽心碎，不知何日是归期。他在《流夜郎题葵叶》一诗中写道：

惭君能卫足，叹我远移根。
白日如分照，还归守故园。

尽管李白在诗中感叹自己不如向日葵，但最后一句中的"还"字才是最重要的，他并没有绝望，而是依然寄希望于朝廷开恩赦免，放他回归故园。

他一路苦吟，一边喝着别人送的酒，一边给人家写诗，诗中不乏慷慨激昂之辞。这便是李白的风骨，无论身在何处，无论身处怎样的环境，都是傲骨铮铮，丝毫不改本色。即使是短暂的自伤自怜之后，他总会重现自信。

在长江上行船数月后，李白终于在乾元二年（759 年）初春到达白帝城。此时，李白已在船上生活了一年多，站在白帝城头，李白百感交集。他知道，再往前走，就要南下黔中道，直到流放地夜郎了。那蛮荒之地，莫非就是我李白最终的归宿？他不禁感慨万端，写下一首五言古体《自巴东舟行经瞿唐峡登巫山最高峰晚还题壁》：

江行几千里，海月十五圆。始经瞿塘峡，遂步巫山巅。巫山高不穷，巴国尽所历。日边攀垂萝，霞外倚穹石。飞步凌绝顶，极目无纤烟。却顾失丹壑，仰观临青天。青天若可扪，银汉去安在？望云知苍梧，记水辨瀛海。周游孤光晚，历览幽意多。积雪照空谷，悲风鸣森柯。归途行欲曛，佳趣尚未歇。江寒早啼猿，松暝已吐月。月色何悠悠，清猿响啾啾。辞山不忍听，挥策还孤舟。

虽是秋景，李白登上顶峰时见到的景色却是寥廓而充满希望的。在孤独的旅程中，李白思念最多的就是妻子宗氏。一群大雁整齐地飞过碧空，李白目送它们消失在天际，心中无限感伤。看到大雁，李白想到宗氏，于是写下一首《南流夜郎寄内》倾吐情丝：

夜郎天外怨离居，明月楼中音信疏。
北雁春归看欲尽，南来不得豫章书。

自去年春天从浔阳启程，李白一路上慷慨悲歌，但是他始终没有放弃"还归守故园"的梦想。他是一只大鹏，一生永不停息地、天真热烈地向着理想飞翔。也许他有些傲慢、张狂，甚至有点不切实际的妄想，但令谁都想不到的是，李白的梦想居然实现了！他的一生就是这样富于戏剧性，总是在最失落的时刻突然间柳暗花明。

乾元二年（759年）初春，李白行至巫山，正准备南下夜郎时，朝廷因关中遭遇百年不遇的大旱，颁布大赦诏令："天下现禁囚徒，死罪从流，流罪以下一切放免。"如此，李白经过一年多的辗转流离后，终于获得自由。这绝处逢生的好消息让李白高兴得发狂。他把这仅有十几个字的诏告仔细看了一遍又一遍，两行清泪不知不觉顺着苍老的面颊滴落下来。他昂首朝天高呼："苍天啊，你终于开眼了！"

兴奋的李白连忙找来笔墨，写下一首《流夜郎半道承恩放还兼欣克复之美书怀示息秀才》：

黄口为人罗，白龙乃鱼服。得罪岂怨天，以愚陷网目。鲸鲵未剪灭，豺狼屡翻履。悲作楚地囚，何日秦庭哭。遭逢二明主，前后两迁逐。去国愁夜郎，投身窜荒谷。半道雪屯蒙，旷如鸟出笼。遥欣克复美，光武安可同。天子巡剑阁，储皇守扶风。扬袂正北辰，开襟揽群雄。胡兵出井窟，雷破关之东。左扫因右拂，旋收洛阳宫。回舆入咸京，席卷六合通。叱咤开帝业，手成天地功。大驾还长安，两日忽再中。一朝让宝位，剑玺传无穷。愧无秋毫力，谁念矍铄翁。弋者何所慕，高飞仰冥鸿。弃剑学丹砂，临炉双玉童。寄言息夫子，岁晚陟方蓬。

李白以退隐的呜咽之声写其慷慨进取之志以及积极面世、乐观向上的人生态度，他的旷达、浪漫始终如一。经历了这次恩赦后，李白将何去何从？他的报国大志是否要延续下去？他的人生路又将走向何方？

第九章

当涂羽仙

流放途中被恩赦，李白的人生"触底反弹"，他兴高采烈地游江夏、访老友、作诗文，随后在浔阳、豫章、宣城之间往还。尽管他向往平淡安宁的家庭生活，却无法安享其中，最终再次踏上旅途，前往金陵谋求发展。年近花甲的李白在随李光弼出征时，因身体原因不得已返回，数十年的行侠梦就此破灭。失魂落魄的他只好寄身当涂，在山水之间寻求安慰，直至人生尽头。

千里江陵一日还

乾元二年（759年）春，一个朝霞满天的早晨，李白来到白帝城。转身回望，清风微拂，扬起满怀思绪。三十多年前的记忆与群山的倒影杂糅纠缠，分不清哪份情是过去、哪处景是眼前，这个黎明犹如梦的轮回，令他恍惚难辨。他只安静回望，仿佛在说：别了，白帝城；别了，未曾相识的夜郎。

李白登上一叶轻舟，独立艄头，望着两岸重叠的山峦，风鼓扬帆，舟行如飞，青山瞬间从视野里退去。李白心潮澎湃，随口吟出一首《早发白帝城①》：

朝辞白帝彩云间，千里江陵一日还。

两岸猿声啼不尽，轻舟已过万重山。

---

① 一作"白帝下江陵"。

李白死地重生，人生的终点站又变回了起点，虽垂垂老矣，但感觉像又回到年轻时代。轻快是此诗的第一大特点。"快"者，一是速度飞快，两岸猿声犹在耳畔，船已经过"万重山"。联系一月前"上三峡"时船行缓慢，心情亦无比沉重，现如今半道赦还，他感到江陵似乎一日即可抵达。二是心情畅快，尽管诗中全是写景，但这些景物都洋溢着青春、欢快的气息。李白就是这样，一旦看到希望，他的雄心便不自觉地燃烧起来。"轻舟已过万重山"，一切都已成为过往，新的生活又要开始了。

　　要知道，这次朝廷特赦，全国被赦的囚犯不知有多少，有谁会像李白这般喜悦？又有谁会将这种喜悦表达得如此动人心魄呢？有不少人惊呼苍天"有眼"、皇上"圣明"，但真正像李白这样青春焕发的人却不多。遇赦是李白的大幸，而夜郎却因与李白失之交臂而留下历史的遗憾。此地后人为他设计了供他学习生活的遗迹——读书堂、水井，甚至听莺亭。夜郎，一个今人难以找到的地方，却因李白被发配于此而声名远播。但李白就这样半途走了，他还要去追寻未实现的梦。

　　虽说李白是"还江陵"，但他过江陵时并没有多作停留，他的思归之情更迫切。不久李白便到了江夏，过江陵易但过江夏则难矣。李白的老友韦冰早早地便在江夏等候他了。韦冰本是南陵（今安徽省芜湖市南）县令，却在江夏相迎，李白深感盛情难却，便在江夏逗留几日。迎着江风，痛饮美酒，李白诗兴大发，提笔作《江夏赠韦南陵冰》：

　　胡骄马惊沙尘起，胡雏饮马天津水。君为张掖近酒泉，我窜三色九千里。天地再新法令宽，夜郎迁客带霜寒。西忆故人不可见，东风吹梦到长安。宁期此地忽相遇，惊喜茫如堕烟雾。玉箫金管喧四筵，苦心不得申长句。昨日绣衣倾绿尊，病如桃李竟何言。昔骑天子大宛马，今乘款段诸侯门。赖遇南平豁方寸，复兼夫子持清论。有似山开万里云，四望青天解人闷。人闷还心闷，苦辛长苦辛。愁来饮酒二千石，寒灰重暖生阳春。山公醉后能骑马，别是风流贤主人。头陀云月多僧气，山水何曾称人意。不然鸣笳按鼓戏沧流，呼取江南女儿歌棹讴。我且为君槌碎黄鹤楼，君亦为吾倒却鹦鹉洲。赤壁争雄如梦里，且须歌舞宽离忧。

　　抚今追昔，李白心潮如长江水滔滔不绝，诗里寄托了自己和韦冰两人的不幸遭遇和不平情绪；在抒写迷惑不解的思绪中，蕴含了对肃宗和朝廷的讥刺。李白以奇特的想象力编织出一个朦胧的梦境，这恍如梦魂相见的惊喜描述其实是大梦初醒的痛心自白。爱国的壮志、济世的雄图，竟成为天真的迷梦、现实的悲剧。他惊奇地发现：自己这一生的遭遇竟和大唐王朝的国运如影随形！在肃宗皇帝和永王李璘两兄弟的夺权内讧中，李白成了牺牲品，蒙受奇冤大屈。现在刚遇大赦，又恰逢故人，他惊喜异常，同时满腔悲愤，便写成这首沉痛激烈的政治抒情诗，而诗中的豪气丝毫不减当年。

　　既然决定在江夏停留，那么就要拜访其他朋友。他先造访老友、时任江夏太守韦良宰。这位太守的任期届满，将进京述职，李白想请他向肃宗皇帝推荐自己，使自己有一个洗刷前非、报效国家的机会。他写下五言古体长诗《经乱离后天恩流夜郎忆旧游书怀赠江夏韦太守良宰》。李白在这首自传体长诗中披肝沥胆，历叙自己的生平事迹，又详表赤胆忠心，讲明自己加入永王府幕是受胁迫，并一再提起和韦太守故交情深，最后归为一句——请即将高升的韦太守提携他，给他一个报效国家的机会。他在诗的末尾写道：

君登凤池去，忽弃贾生才。桀犬尚吠尧，匈奴笑千秋。中夜四五叹，常为大国忧。旌旆夹两山，黄河当中流。连鸡不得进，饮马空夷犹。安得羿善射，一箭落旄头。

韦良宰觉得李白的请求完全是奢望，根本不可能实现，故而在临别时送给他一根嵌着碧玉的手杖。李白一见这根手杖，便明白了韦太守的意思——老了，人得顺应天命。同样，其他人似乎也不太看好他的政治理想，倒是这首诗中的佳句"清水出芙蓉，天然去雕饰"被后人沿用上千年。

李白之后拜会了随州僧人倩公，并作《江夏送倩公归汉东并序》。《江夏送倩公归汉东》是一首五言绝句：

彼美汉东国，川藏明月辉。
宁知丧乱后，更有一珠归。

此绝句是对随州的赞美，写出李白对倩公的高度欣赏和离别时的依依不舍之情。在序文中，李白道出了自己的心声："今圣朝已舍季布，当征贾生。开颜洗目，一见白日，冀相视而笑于新松之山耶？"战局紧张时，他是张良、谢安、鲁仲连，现在战局稳定了，他就是贾谊。此时李白对从政的渴望比任何时候都更加强烈，他并不渴望高官厚禄，哪怕只是让他当个小卒上战场，他都心满意足。如今的这种渴望里增添了新的成分，即"开颜洗目，一见白日"，他希望洗脱自己入永王幕以来遭遇的种种冤屈，来证明清白。

李白在江夏逗留期间，时任南平太守的族弟李之遥前来看望他。李之遥告诉他，贾至被贬为岳州司马，刑部侍郎李晔贬官岭南，正滞留岳州。李白虽急于回家，但得知老友的不幸，还是决定与这两位朋友见面，好劝慰他们一番。于是，李白离开江夏，前往岳州。见到贾至后，李白拉着他的手，哽咽不语，虽千言万语竟不知从何说起。贾至先由朝廷中书舍人贬为汝州刺史，再被贬为岳州司马。昔日故友，劫后重逢，又有相似的遭遇，难免感念丛生，慨叹万千。李白作一首《巴陵赠贾舍人》：

> 贾生西望忆京华，湘浦南迁莫怨嗟。
> 圣主恩深汉文帝，怜君不遣到长沙。

一首七言绝句无法道尽千言万语，何况洞庭湖烟波浩渺，楚天寥廓无际，枫林秋霜初染。趁着月色皎洁，他们泛舟洞庭，饮酒赏月，如东汉文学家班固在《西都赋》中所言，"愿宾摅怀旧之蓄念，发思古之幽情"。

赠诗给贾至，当然也少不了赠给李晔。李白在陪故友游洞庭湖的这些天，共写了五首七绝，合为《陪族叔刑部侍郎晔及中书贾舍人至游洞庭五首》。

其一
洞庭西望楚江分，水尽南天不见云。
日落长沙秋色远，不知何处吊湘君。

其二
南湖秋水夜无烟，耐可乘流直上天。
且就洞庭赊月色，将船买酒白云边。

其三

洛阳才子谪湘川，元礼同舟月下仙。
记得长安还欲笑，不知何处是西天。

其四

洞庭湖西秋月辉，潇湘江北早鸿飞。
醉客满船歌白苎，不知霜露入秋衣。

其五

帝子潇湘去不还，空余秋草洞庭间。
淡扫明湖开玉镜，丹青画出是君山。

李晔是李白的远房长辈，李白在长辈面前不好多说勉励、劝慰的话，也不便抒发豪言壮语，只是盛赞洞庭秋色、野趣，劝亲友畅饮美酒——"且就洞庭赊月色，将船买酒白云边"，这与当年在襄阳豪饮似有不同，那时的李白把河水当做酒，而此时却是"赊"且"买"。湖面清风、湖上明月，自然美景，人所共适，一"赊"，仿佛洞庭湖成为一位富有的主人，拥有动人的湖光山色以及此时的月色。洞庭湖面辽阔，水天相接，遥看湖畔酒家自在白云生处，一"买"，是超脱于尘世之外的皎洁明净的心境。此一首意境更幽深，情感表达更深沉。

李白在陪友人游洞庭期间，得知好友崔成辅去世的消息。受韦坚冤狱的牵连，崔成辅被远谪湘阴，李白与他自宣城一别后再也没有见面，常想念却只能以诗书叙谈。崔成辅被贬后忧伤愤懑，写成《泽畔吟》诗稿二十章。而今崔成辅已逝，李白伤心难过，读了他的《泽畔吟》后，"怆然掩卷，挥涕为之序"。李白怀着满腔悲愤，对权奸当道、酷吏横行的黑暗政治现实进行批判，言辞激烈，鞭辟入里。

此后不久，李白又得到一个坏消息——襄州叛将张嘉延袭破荆州。闻讯，李白义愤填膺，挥毫作《荆州贼平临洞庭言怀作》：

修蛇横洞庭，吞象临江岛。积骨成巴陵，遗言闻楚老。水穷三苗国，地窄三湘道。岁晏天峥嵘，时危人枯槁。思归阻丧乱，去国伤怀抱。郢路方丘墟，章华亦倾倒。风悲猿啸苦，木落鸿飞早。日隐西赤沙，月明东城草。关河望已绝，氛雾行当扫。长叫天可闻，吾将问苍昊。

荆州是李白出川后游览的第一个城镇，距洞庭不太远，他敏感的神经又绷紧了。一生都想仗剑报国，多次找机会上战场杀敌都未能如愿，眼见襄州将领康楚元、张嘉延在荆州叛乱，横行无忌，作恶多端，这次他又想上阵杀敌，却依然得不到机会，报国无门。加上当地气候阴寒，他年岁已高，形容枯槁，憔悴不堪，若当真上阵杀敌，恐怕力不从心。李白只能仰天长啸，以诗歌来表达心愿，字里行间处处流露出愁苦忧伤的情愫。

这时，左拾遗、膳部员外郎卢象被贬去永州为司户参军，经过岳州，李白相陪多日。卢象是李白在京城结识的朋友，关系一向不错。"安史之乱"初期，卢象在安禄山叛军中任过职，因此平息叛乱后被贬到偏远的永州。李白从谈话中了解到安禄山死后，叛军分散各地，各自为战，战局变得很复杂。李白对卢象的境遇深表同情，一直将他送到苍梧（今广西壮族自治区苍梧县，似未曾到永州）。李白曾到此地祭神，但这次的心情格外不同。他与卢象分别时非常难过，写下五言古体诗《赠卢司户》：

秋色无远近，出门尽寒山。

白云遥相识，待我苍梧间。

借问卢耽鹤，西飞几岁还。

该说的话都说过了，该问的事也问过了，李白只能祝朋友一路顺风，早日还京。送别卢象后，李白回到岳州时已是深秋季节。此时，他遇赦时的轻快喜悦已渐渐淡去，客观现实的残酷和自然景物的悲凉让他归心似箭。他不知道回家后何去何从，但心里坚定地知道不能在这里待下去了，他要回豫章去！临行前，李白在岳州治所巴陵城观看了一场军演，他写下《九日登巴陵旨酒望洞庭水军（时贼逼华容县）》一诗：

九日天气清，登高无秋云。造化辟川岳，了然楚汉分。长风鼓横波，合沓蹙龙文。忆昔传游豫，楼船壮横汾。今兹讨鲸鲵，旌旆何缤纷。白羽落酒樽，洞庭罗三军。黄花不掇手，战鼓遥相闻。剑舞转颓阳，当时日停曛。酣歌激壮士，可以摧妖氛。龌龊东篱下，渊明不足群。

李白仗剑报国的热情刚降温，又被这场军演烧热了。连同流放后的颓废心情在这里一扫而光，他重新焕发出固有的光芒，真是"老骥伏枥，志在千里"，陶渊明都不能与之为伍。军士们斗志昂扬，汉武帝看了也会给大家高歌一曲，鼓舞士气。

一生好入名山游

李白在返回豫章时，途经浔阳，他突然想去庐山隐居的屏风叠看一看，于是离船登岸，重游庐山。想来这是李白第四次上庐山了，每次到庐山，他都有不同的感受。这一次，他手里拿着韦太守送给他的镶玉拐杖。他心里明白仕途该终结了，是时候找个好地方养老了，而庐山屏风叠就是这样的风水宝地。换个角度看问题，心情也大不相同，他放松了身心，写下《庐山谣寄卢侍御虚舟》：

我本楚狂人，凤歌笑孔丘。手持绿玉杖，朝别黄鹤楼。五岳寻仙不辞远，一生好入名山游。庐山秀出南斗傍，屏风九叠云锦张，影落明湖青黛光。金阙前开二峰长，银河倒挂三石梁。香炉瀑布遥相望，回崖沓嶂凌苍苍。翠影红霞映朝日，鸟飞不到吴天长。登高壮观天地间，大江茫茫去不还。黄云万里动风色，白波九道流雪山。好为庐山谣，兴因庐山发。闲窥石镜清我心，谢公行处苍苔没。早服还丹无世情，琴心三叠道初成。遥见仙人彩云里，手把芙蓉朝玉京。先期汗漫九垓上，愿接卢敖游太清。

"我本楚狂人"没有自嘲的意味，李白重回山碧林翠的屏风叠，心情大好，他似乎已决意与尘世挥手作别，一心在庐山修道炼丹、超然物外了。他的这种出世情怀已在多首诗中表露过，而这一首更加明确表达了他想在名山胜景中得到寄托、在神仙境界中自在逍遥的愿望，流露了他因政治失意而避世求仙的愤世之情，也是对他一生寻仙访道的小结。

李白这次把庐山写得色彩斑斓，这是近观的效果，他把仔细真切地观察庐山风景，就像在看自己的归隐地一样。"登高壮观天地间，大江茫茫去不还。黄云万里动风色，白波九道流雪山"，只有一个胸中有山川丘壑的人才能将大自然描绘得如此壮阔无边，令人悠然神往。但是，从意境、气势上看，近观反倒不如远望庐山。"不识庐山真面目，只缘身在此山中"，进入山中，就难以一睹其全貌。从诗的意境来看，李白似乎已不再关注人间的功名，决定放浪于山水之间，一意寻仙修道。李白的数次经历证明，他一入名山，就想归隐，但一下山又想追逐功名事业。进身仕途与寻仙修道，是李白生命的两极，要在这两者中做出抉择，对他而言是痛苦的。这一矛盾困扰纠缠了李白一生。

李白从庐山回到豫章的时令已是三九寒冬。李白与妻子分别整两年了，见面的场景感人落泪。经过这次生离死别，这个不常回家的男人开始珍惜他的家庭。可是热度并没持续多久，上元元年（760年）春天的脚步还未走近，李白就在家里待不住了。他一开始无意远游，只是在豫章城周边走走看看，稍远一点就到浔阳城。当他泛舟彭蠡湖时，总想起远方的朋友，一时无法见面，就写诗寄给他们。其中一首诗题为《早春寄王汉阳》：

闻道春还未相识，走傍寒梅访消息。

昨夜东风入武阳，陌头杨柳黄金色。

碧水浩浩云茫茫，美人不来空断肠。

预拂青山一片石，与君连日醉壶觞。

这首诗写给汉阳王（名未详）县令。久盼不归的春风一夜之间悄然而迅速地来了。走访寒梅去探听早春的脚步，汉阳的春天一定也来了，杨柳抽芽，不知朋友何时能相见。诗的内容很简单，不过是邀请友人前来探春畅饮，但写得清新自然，不落俗套。细细吟味，可见李白那颗热爱生活、热爱大自然的诗心，给人强烈的艺术感染。还有一首诗题为《下寻阳城泛彭蠡寄黄判官》：

浪动灌婴井，寻阳江上风。开帆入天镜，直向彭湖东。落景转疏雨，晴云散远空。① 名山发佳兴，清赏亦何穷。石镜挂遥月，香炉灭彩虹。② 相思俱对此，举目与君同。

此诗是寄给友人黄判官的，写的是傍晚湖上雨霁云收、恬静优美的动人景象，借以抒发对朋友的思念之情。然而，诗书传递只能稍解相思之苦，不如邀朋友一同游湖饮酒。于是李白邀请了一位名叫屈突明的朋友来对饮，畅饮之后李白作一首五言古诗《对酒醉题屈突明府厅》：

---

① 此二句一作"返景照疏雨，轻烟淡还空"。
② 此二句一作"瀑布洒青壁，遥山挂彩虹"。

陶令八十日，长歌归去来。

故人建昌宰，借问几时回。

风落吴江雪，纷纷入酒杯。

山翁今已醉，舞袖为君开。

李白邀请的朋友是建昌县令，酒至半酣，他问朋友什么时候才能辞官回家。"风落吴江雪，纷纷入酒杯"，这样的场景当是在船上，李白以平常之语创造出广阔的意境，实是真正的高手所为。

呼朋唤友、饮酒闲游的日子一直持续到秋天。对于宗夫人而言，已经很满足了。这是一段令宗夫人日后回味无穷的幸福时光，是她和李白婚后最美好的生活片段。李白在周边爬山、游湖，再写写诗，日子过得逍遥快活；宗夫人帮他整理诗稿，两人还时常讨论仙术道法，这是他们夫妻的共同语言。

可是，"安史之乱"尚未平息，叛军内部的自相残杀虽造成一定的内耗，但他们在中原一带仍十分猖獗。为了彻底平息叛乱，百姓仍不得不让子弟应征入伍，开赴前线。连年的战争使人民精疲力尽，几乎到了无丁可征的地步。李白在豫章目睹了老母哭嚎着与子分别、瘦马绕着旌旗嘶鸣的悲惨情景，平静的生活再次被搅乱。李白满腹悲愤，借乐府旧题写下《豫章行》：

胡风吹代马①，北拥鲁阳关。吴兵照海雪，西讨何时还。半渡上辽津，黄云惨无颜。老母与子别，呼天野草间。白马绕旌旗，悲鸣相追攀。白杨秋月苦，早落豫章山。本为休明人，斩虏素不闲。岂惜战斗死，为君扫凶顽。精感石没羽，岂云惮险艰。楼船若鲸飞，

----

① 此句一作"燕人攒赤羽"。

波荡落星湾。此曲不可奏，三军鬓成斑。

新征士兵出征前妻儿老小呼天抢地的悲怆场面令人动容，宗夫人读了这首《豫章行》后，泪流满面，她了解丈夫，知道他此时心中所想。他人在豫章，可心早已飞到了战场。她知道自己的枕边人是世间的奇迹、造化的杰作，俗人读不懂他。尽管他们是夫妻，但他并不仅属于她一个人，她无意成为他的羁绊。她不想阻拦，只是担心这个年近花甲的老人还能干些什么。

是年秋，李白再次远游。他从豫章出发，渡彭蠡湖，过秋浦，转往当涂、宣城。他去当涂探看儿子伯禽，他的族叔李阳冰在当涂给伯禽安排了工作。他的女儿平阳已于四年前嫁给瑕丘县主薄耿公怀的公子为妻，可惜平阳出嫁后第二年就病逝了。小儿子李天然依然不知下落。然后，李白前往南陵。南陵县令韦冰见到老友格外高兴，他陪李白在周边四处游玩，但没能帮李白找到从军的机会。

李白这次闲游了数月之久，将近年底时返回豫章。夫妻团聚不到一个月，宗夫人做出决定：上庐山修道。这本是她的夙愿，既然丈夫平安归来，她已别无牵挂。上元二年（761 年）春，李白送宗夫人上庐山，拜隐居庐山屏风叠的著名女道士李腾空为师。李腾空是李林甫的女儿，从小才智超人，又极有姿色。她不慕荣华富贵，痴心学道，自京都长安来到庐山隐居，过着清苦的生活。据说她不仅道法修为极高，且精通医术，以救民疾苦为己任，深受世人敬重。李白陪宗夫人越峻岭寻找这位道仙，一路上清雅幽寂，兴之所至，他随感而发，写下《送内寻庐山女道士李腾空二首》：

其一
君寻腾空子，应到碧山家。

水舂云母碓，风扫石楠花。

若爱幽居好，相邀弄紫霞。

其二

多君相门女，学道爱神仙。

素手掬青霭，罗衣曳紫烟。

一往屏风叠，乘鸾著玉鞭①。

这两首诗一方面写李腾空的仙风道骨，另一方面，恐怕是李白对宗夫人最后的赠言了！因为李白在庐山将宗夫人安顿好后，便下山开始了他人生的最后一搏。

---

① 此句一作"乘鸾不著鞭"。

挥手谢公卿

　　上元二年（761年）夏初，李白离开豫章，取道鄱阳，再次来到最初给予他梦想和希望的城市——金陵。这个年届花甲的老头儿以"仙人"自居，以为自己能长生不老，又来故都寻梦了。石头城仍旧是石头城，只是当年自己在金陵的繁华一梦如今已无迹可寻。但他为了实现"安得羿善射，一箭旄落头"的抱负，依旧四处奔走，干谒权贵。正逢乱世，国事不稳，人心惶惶，谁也不愿为眼前这个有"前科"的老人冒险。时间一日日、一月月地流逝，李白的日子愈发艰难起来。他饱一顿饥一顿，勉强挨到这年五月初。适逢浙西节度副使李藏用平定叛乱有功，正班师路过金陵。金陵当地的名门大户聚集在一起盛筵为之饯行，感谢他保卫金陵一方平安。这位李大人偏爱诗赋，希望有人为他作一篇歌功颂德的饯别序。有人想到了李白，李白欣然应允。在宴席上酒足饭饱后，一篇洋洋洒洒的《饯李副使藏用移军广陵序》援笔立成，序文读起来气势磅礴，词句雄壮，令人拍案叫绝。李白得到一笔可观的赏金，可供他在金陵多支撑些时日。

　　就在这年三月，"安史之乱"又出现了戏剧性的变化。史思明被儿子史朝义所杀，史朝义即大燕皇帝位，不久率兵大举南侵。朝廷任命李光弼为南副帅、太尉兼侍中，都统河南道行营节度，率兵阻挡南侵叛军并收复失地。李白听到他率军出征的消息，激动得彻夜未眠。他买来良马，擦亮宝剑，气宇轩昂地出发了！无奈，李白还是高估了自己，他已经不再是那个"笑尽一杯酒，杀人都市中"的少年侠客了。车马劳顿，一路颠沛，年老的身体终究经受不住折腾，李白病倒了。他只得返回金陵。最后一个仗剑行侠梦，就这样破灭了。他不明白命运为何对他如此凉薄。忧愤之中，他写下《闻李太尉大举秦兵百万出征东南懦夫请缨冀申一割之用半道病还留别金陵崔侍御十九韵》，以记述这次未遂的从军，表达自己难展的壮志：

　　秦出天下兵，蹴踏燕赵倾。黄河饮马竭，赤羽连天明。太尉杖旄钺，云骑绕彭城。三军受号令，千里肃雷霆。函谷绝飞鸟，武关拥连营。意在斩巨鳌，何论鲙长鲸。恨无左车略，多愧鲁连生。拂剑照严霜，雕戈鬘胡缨。愿雪会稽耻，将期报恩荣。半道谢病还，无因东南征。亚夫未见顾，剧孟阻先行。天夺壮士心，长吁别吴京。金陵遇太守，倒屣欣逢迎。群公咸祖饯，四座罗朝英。初发临沧观，醉栖征房亭。旧国见秋月，长江流寒声。帝车信回转，河汉复纵横。孤凤向西海，飞鸿辞北溟。因之出寥廓，挥手谢公卿。

　　李白盛赞李光弼的赫赫军威，虽然他没有到过李光弼的军营，但凭借丰富的想象力，仿佛自己置身于营中。他怨恨自己缺乏李左车和鲁仲连那样的谋略和勇毅，只想作为小兵上阵杀敌。

　　这是李白的最后一搏，也是他最后一次告别金陵。突然间，他觉得金陵太繁华、太喧嚣了，如今的他承受不起这种繁华，也忍受不了这种喧嚣。他已不属于这里，因此只能向金陵道一声再见。但此时，以他的身体状况和经济状况而言，能去的地方不多了。去东鲁？那里还在胡虏的铁蹄之下。去豫章？逆水难行，路途遥远。李白想到了族叔李阳冰。就这样，他含泪离开金陵，缓缓往宣州当涂而去，就近投靠当涂县令李阳冰。因李白在病中，李阳冰便安排他先去宣城疗养，并尽其所能提供各种帮助。李白心怀感恩，写下长诗《献从叔当涂宰阳冰》。他在诗中向倾诉了一生不遇的痛苦，以及在金陵的遭遇，抒发了他对大唐政治黑暗的不满和对皇帝彻底失望的悲愤心情。"我本不弃世，世人自弃我"①，现在连回家都有困难，他在诗末写道："弹剑歌苦寒，严风起前楹。月衔天门晓，霜落牛渚清。长叹即归路，临川空屏营。"这几句说出了李白投奔李阳冰的主要原因。

自从在金陵"挥手谢公卿"后，李白不再求官，不再修仙。除了闲游写诗，就是喝酒，他在《对雪醉后赠王历阳》一诗中说："君家有酒我何愁，客多乐酣秉烛游。"

宣城还有一点对李白极有吸引力，他有个老友，人称纪叟，是酿酒大师，所酿的"老春"酒为李白最爱。从前李白只要身在宣城，常常栖身于纪叟酒店，对纪叟和他酿的"老春"感情极深。这一次，李白刚到宣城，就兴致勃勃地赶到纪叟酒店，谁知却得到噩耗：纪叟亡故了！看着这些老友一个个离自己而去，李白满心孤凄，痛心不已，为纪叟写下一首哀悼诗，这就是《哭宣城善酿纪叟》②：

---

① 出自李白《送蔡山人》。
② 一作《题戴老酒店》，"戴老黄泉下，还应酿大春。夜台无李白，沽酒与何人？"。

纪叟黄泉里，还应酿老春。

夜台无李白，沽酒与何人？

　　全诗短短二十个字，却字字含泪，读来令人无比伤感。李白拖着病躯，走在宣城的街道上放声大哭。朋友越来越少，人心越活越老，然而宣城的四季仍在不停轮回，没有离散、没有衰老、没有感伤，依然美丽如初。在此之后，李白在宣城还写了一首五言送别古诗《宣城送刘副使入秦》：

　　君即刘越石，雄豪冠当时。凄清横吹曲，慷慨扶风词。虎啸俟腾跃，鸡鸣遭乱离。千金市骏马，万里逐王师。结交楼烦将，侍从羽林儿。统兵捍吴越，豺虎不敢窥。大勋竟莫叙，已过秋风吹。秉钺有季公，凛然负英姿。寄深且戎幕，望重必台司。感激一然诺，纵横两无疑。伏奏归北阙，鸣驺忽西驰。列将咸出祖，英僚惜分离。斗酒满四筵，歌啸宛溪湄。君携东山妓，我咏北门诗。贵贱交不易，恐伤中园葵。昔赠紫骝驹，今倾白玉卮。同欢万斛酒，未足解相思。此别又千里，秦吴渺天涯。月明关山苦，水剧陇头悲。借问几时还，春风入黄池。无令长相忆，折断绿杨枝。

　　李白待病情好转后，就从宣城前往南陵，中途借宿五松山一位荀姓老妇家中。老妇家里虽然清苦，却诚恳款待李白，这使他很过意不去，因无法报答，更感到受之有愧。李白再三推辞致谢，并写下《宿五松山下荀媪家》一诗：

　　我宿五松下，寂寥无所欢。

　　田家秋作苦，邻女夜舂寒。

跪进雕胡饭，月光明素盘。

令人惭漂母，三谢不能餐。

　　号称"五侯七贵同杯酒"的李白，生平赴过无数宴席，可是没有哪一次能令他对主人的盛情如此感动，李白把荀媪比作给韩信饭吃的"漂母"。流寓东南时期的李白老病缠身、飘零失所，与普通百姓的接触更多，诗中自然流露出苦涩的温情。

　　刚过南陵不远，李白的病又加重了。是年冬天，他被迫重返当涂。精神本不济，老病更相催。李白揽镜自照，无限感慨："自笑镜中人，白发三千丈，缘愁似个长。不知明镜里，何处得秋霜。"幸运的是，他在当涂受到县令李阳冰的热情接待和照料。也正是因为李阳冰的关照，李白的晚境才不致受饥寒之苦。

余风激兮万世

　　夏尽秋至，冬去春来。上元三年（762 年）早春，万物争荣，病势缠绵一冬的李白稍感康复。这时，传来"安史之乱"的残贼史朝义彻底覆灭的消息，李白长舒一口气：百姓终于能过上安稳的日子了！他拄着拐杖登上青山，青山下有谢朓的旧宅，还有一座谢公亭。亭子周围的青草已经萌芽，山鸟在树枝上欢鸣，好一派春意盎然的景象。李白在一户山农家里开怀畅饮，直到日暮时分才下山。半道上，远远见伯禽来接他，于是吟一首《游谢氏山亭》：

　　沧老卧江海，再欢天地清。病闲久寂寞，岁物徒芬荣。借君西池游，聊以散我情。扫雪松下去，扪萝石道行。谢公池塘上，春草飒已生。花枝拂人来，山鸟向我鸣。田家有美酒，落日与之倾。醉罢弄归月，遥欣稚子迎。

　　这可能是李白的最后一首游记诗，虽然李白在诗中仍表现得游兴甚浓，但谁又知道他此时已病入膏肓呢？养病闲居，久处寂寞，徒然望着新年的草木茂盛。纵然是日落西山，李白依然那样洒脱，随兴挥洒，又穿插以景物描绘与神话传说，足以展现出孤高出尘的"诗仙"形象。

四月，李白又抱病游宣城。在这里，他望见漫山遍野红艳艳的杜鹃花开，唤起了年轻时代蜀地生活的忆忆，恍觉人生如梦，不禁潸然泪下，作一首《宣城见杜鹃花》：

蜀国曾闻子规鸟，宣城还见杜鹃花。
一叫一回肠一断，三春三月忆三巴。

传说杜鹃花是由杜鹃鸟啼血而出，到暮春时节，这种鸟总是彻夜鸣叫，直叫到口中流血而死，化为血红的杜鹃花。因此在文人眼中，杜鹃花之所以美丽娇艳，全因杜鹃的血泪。又因杜鹃鸟鸣叫的声音仔细听来像是在叫"麦黄快割，麦黄快割"，只要一听到杜鹃鸟的叫声，身在异乡的人们就知道家里的麦子熟了，于是思乡之情倍增。李白离家已三十五六年，今生恐怕再也回不去了，杜鹃"一叫一回肠一断"，他的心早已破碎……

五月，玄宗、肃宗父子相继亡故。太子李豫即位，是为代宗，改元宝应。是年秋天，李白回到当涂。他来到江边，只见苍茫的沙雾笼罩江洲，黄云漫天，暮色苍茫，江中白水扬起寒流，他的思乡之情油然而生。他长叹一声，吟出一首《江上秋怀》：

餐霞卧旧壑，散发谢远游。山蝉号枯桑，始复知天秋。朔雁别海裔，越燕辞江楼。飒飒风卷沙，茫茫雾萦洲。黄云结暮色，白水扬寒流。恻怆心自悲，潺湲泪难收。蘅兰方萧瑟，长叹令人愁。

暮年思归而不得归，李白此时的心情比静听杜鹃鸟啼血还沉重。他已经预感到当涂便是他最终的归属。秋色越来越浓，李白的病情一天重似一天。时值重阳节，他强撑病体，观看开得正旺的菊花，作了一首《九日龙山饮》：

九日龙山饮，黄花笑逐臣。
醉看风落帽，舞爱月留人。

李白似乎忘却了政治上的不得意，把自己比作风吹帽落的东晋名士孟嘉。表面上是说月亮挽留客人，实际上是李白脱俗忘尘，不愿割舍离去，浅近直白的语言下蕴含了李白复杂的感情。即便如此，李白还觉得没有把自己真实情感充分表达出来，又担心自己来日无多，于是次日又作《九月十日即事》一诗：

昨日登高罢，今朝更举觞。
菊花何太苦，遭此两重阳？

菊花连续两天见证了人们的登高、宴饮，并两次遭到采撷，所以有"太苦"的抱怨之词。李白以酒浇愁，朦胧中仿佛看到菊花也在嘲笑他这个朝廷"逐臣"，他痛苦地发问：菊花为什么要遭到"两重阳"的折磨？李白由菊花联想到自己两入长安都在政治上遭到重创，所以九月十日还要继续宴饮。他把自己比作菊花，顽强忍受两遭采撷之苦——被馋离京、流放夜郎。他以极为敏感、幽微的灵秀之心站在菊花的立场上，拓展出富有诗意的空间。此诗语虽平淡，内涵却十分深沉。

转眼秋去冬来，李白觉得心力已耗尽，才思枯竭，自知将不久于人世。他把李阳冰叫到榻边，紧握他的手，像抓住最后一根救命稻草般，小心翼翼地把自己多年来的著作手稿交予李阳冰，请他整理成集，付印传世。这是李白第二次托付诗稿，这一次他的心情远没有上次那样轻松。他这一生最热烈的追求，都与政治有关。可是，他最终在政治上无所建树，晚年还留下屈辱的发配印记。如今，一切荣辱都将如浮云般散去，他最宝贵的也是唯一的遗产，就是这叠诗稿了。

李阳冰没让李白失望，几年后他将李白的遗稿编成《草堂集》，可惜和魏颢的《李翰林集》一样，这部诗文集没有完好地保存下来，只有李阳冰写的《草堂集序》还在流传。

李白在临终一刻，两行清泪滑出眼角。他垂头沉思良久后，喉结滚动，呜咽吟道：

大鹏飞兮振八裔，中天摧兮力不济。
余风激兮万世，游扶桑兮挂左袂。
后人得之传此，仲尼亡兮谁为出涕？

这首《临路歌》是李白留下的绝笔之作。大鹏腾飞啊振动八方，中天摧折啊时运不济！余风留存激励万世，东游扶桑挂住左袖。后人得之，口耳相传。仲尼亡兮，谁为他哭泣？我李白亡兮，谁又为之哭泣？窗外，杜鹃啼叫不停，声声如泣如诉，入耳入心：不如归去，不如归去。卧榻之上，李白双眼紧闭，悄然停止了呼吸，面容哀伤而平静……

宝应元年（762年）十一月，一代"诗仙"李白在当涂离开了人世，享年六十二岁。然而，五代王定保编撰的《唐摭言》记载："（李白）著宫锦袍，游采石江中，傲然自得，旁若无人，因醉入水中捉月而死。"又有杜甫在《送孔巢父谢病归游江东兼呈李白》一诗中说："若逢李白骑鲸鱼，道甫问信今何如。"从此，后世就传说李白在采石矶骑鲸捉月而去。相比李白像普通人一样寂寞死去的惨淡现实，人们更愿意接受极富浪漫主义色彩的李白羽仙之说。

诗仙走了，带着自己的理想与豪情。他长眠在当涂的龙山脚下。然命绝歌未歇，当涂边上的那条小河用夜以继日的川流不息记载了这位伟大诗人一生的辉煌与落寞、梦想与执着，它日夜不休地嗟叹，嗟叹之不足，故永歌之。